Psicología Oscura
El Arte de la Manipulación

Psicología Oscura
El Arte de la Manipulación

Jorge Polo

ISBN: 9798863218915

Impreso por Amazon

Dedicado a:
Mariana Polo A., Sofia Lievano P.
Maria Camila Olivar D. y Gabriela Olivar D.,
pongo estas herramientas en sus manos
para que aprendan a identificar peligros físicos
e intelectuales y sepan discernir
en sus amistades, pareja, entorno social y lo que ven
en Internet y T.V, igualmente lo que escuchan tanto en música
como en noticias.
las quiero mucho.

Tabla de contenido

Introducción

El mundo del espionaje y la inteligencia está envuelto en un aura de misterio y fascinación. Detrás de las escenas de las operaciones encubiertas y los agentes secretos, existe un oscuro mundo de psicología y manipulación. En este libro, "Psicología Oscura en el Espionaje: El Arte de la Manipulación", nos adentraremos en las profundidades de la mente humana y exploraremos las tácticas psicológicas utilizadas por espías y operadores de inteligencia para lograr sus objetivos.

En cada capítulo, descubriremos cómo se emplean las estrategias de manipulación emocional y control mental en el campo del espionaje. Exploraremos técnicas de influencia y persuasión que han sido perfeccionadas durante décadas y que han demostrado ser altamente efectivas en la obtención de información valiosa. Además, analizaremos el fascinante mundo del análisis del comportamiento y la creación de perfiles psicológicos, herramientas clave utilizadas para identificar mentiras y descifrar las motivaciones ocultas de los individuos.

Sumergiéndonos más en la clandestinidad, examinaremos las técnicas de interrogatorio y extracción de información empleadas por los operadores de inteligencia, revelando los secretos detrás de su eficacia. También exploraremos el intrigante arte de la infiltración y la creación de identidades falsas, donde la habilidad de engañar y adaptarse es una necesidad para sobrevivir en el mundo del espionaje.

A medida que descubrimos estos aspectos oscuros, no podemos olvidar el peligro que representan. Por lo tanto, dedicaremos un capítulo a la contrainteligencia y a las estrategias para protegernos de la manipulación psicológica. Examinaremos las tácticas utilizadas para resistir la influencia y salvaguardar nuestra propia integridad mental.

"Psicología Oscura en el Espionaje: El Arte de la Manipulación" es un viaje fascinante hacia el lado más oscuro de la mente humana y su aplicación en el mundo del espionaje. Al explorar estas técnicas y estrategias, obtendremos una visión más profunda de cómo se manipulan los pensamientos, las emociones, y cómo podemos protegernos de la psicología oscura.

Adéntrate en este libro y descubre los secretos ocultos detrás del arte de la manipulación en el espionaje. Prepárate para cuestionar tus percepciones y adquirir un conocimiento valioso que te permitirá comprender mejor los juegos mentales que se despliegan en las sombras.

¡Bienvenido a un mundo de intriga y psicología oscura!

Capítulo 1:

Los Fundamentos de la Psicología Oscura

En este primer capítulo, nos adentraremos en los fundamentos de la psicología oscura y exploraremos cómo se aplica en el mundo del espionaje. Desde las raíces históricas hasta las teorías contemporáneas, analizaremos los pilares sobre los cuales se construye esta disciplina fascinante y controvertida.

Orígenes de la Psicología Oscura

La psicología oscura tiene raíces que se remontan a través de la historia, donde se han utilizado diversas técnicas de manipulación y control mental. Si bien el término "psicología oscura" es relativamente nuevo, los conceptos y principios subyacentes han existido durante siglos. Estos son algunos de los orígenes históricos clave de esta disciplina intrigante:

> ➤ *Antigüedad*

En la antigua Grecia, figuras como Protágoras y Sócrates ya estaban interesados en la persuasión y el arte del discurso. Protágoras, conocido por su afirmación de que "el hombre es la medida de todas las cosas", destacó la importancia de la retórica y la persuasión en la vida social. Sócrates, por su parte, empleó la mayéutica, un método socrático de interrogación y debate, para influir en las creencias y opiniones de sus seguidores.

➤ Hipnosis y Mesmerismo

A finales del siglo XVIII, el médico alemán Franz Mesmer desarrolló la teoría del mesmerismo, que sostenía que las enfermedades eran causadas por desequilibrios magnéticos en el cuerpo. Sus técnicas de hipnosis y magnetismo se consideran precursores de la psicología oscura, ya que buscaban influir en el estado mental y emocional de las personas para lograr resultados terapéuticos.

➤ Experimentos de Control Mental

Durante el siglo XX, se llevaron a cabo varios experimentos controvertidos en el campo de la psicología y el espionaje. Uno de los ejemplos más notorios es el Proyecto MK-Ultra de la CIA, que buscaba desarrollar técnicas de control mental. Aunque muchos de los detalles siguen siendo clasificados, se sabe que se realizaron experimentos con sustancias psicoactivas y técnicas de lavado de cerebro.

➤ Influencia de la Programación Neurolingüística (PNL)

En la década de 1970, Richard Bandler y John Grinder desarrollaron la Programación Neurolingüística (PNL), una disciplina que explora cómo la comunicación y el lenguaje pueden influir en la mente y el comportamiento. La PNL ha sido objeto de debate y controversia, ya que algunos la consideran una forma de manipulación psicológica.

A medida que avancemos en este libro, exploraremos cómo estos y otros orígenes históricos han influido en el desarrollo de la psicología oscura en el contexto del espionaje y la inteligencia. Nos sumergiremos en las teorías y técnicas utilizadas para influir en las mentes de las personas, examinando tanto los aspectos éticos como las implicaciones prácticas de estas prácticas intrigantes y a menudo cuestionables.

El Poder de la Persuasión

La persuasión es uno de los elementos clave en la psicología oscura. Aquí examinaremos las estrategias utilizadas para influir en las mentes de los demás, desde los principios de persuasión de Robert Cialdini hasta las técnicas de influencia utilizadas por expertos en el campo del espionaje. Exploraremos cómo se aprovechan los sesgos cognitivos y emocionales para lograr resultados deseados.

El poder de la persuasión se refiere a la capacidad de influir en las creencias, actitudes y comportamientos de otras personas. Es una herramienta fundamental en la psicología oscura y se utiliza ampliamente en diversos contextos, incluido el espionaje u operaciones de inteligencia. La persuasión implica utilizar estrategias y técnicas específicas para lograr que los demás adopten determinadas ideas, tomen ciertas acciones o brinden información valiosa.

En el espionaje, el poder de la persuasión es especialmente relevante, ya que los agentes deben obtener información crucial de personas que pueden no estar dispuestas a compartirla. La persuasión les permite influir en los objetivos para que revelen secretos, colaboren en operaciones o se conviertan en fuentes de inteligencia.

Existen diversos principios y técnicas utilizados en la persuasión. Uno de los marcos más conocidos es el desarrollado por Robert Cialdini, que incluye principios como reciprocidad, escasez, autoridad, compromiso y coherencia, similitud y consenso social. Estos principios aprovechan las tendencias naturales de las personas para tomar decisiones y actuar de cierta manera.

La persuasión en el espionaje implica establecer un rapport sólido con el objetivo, desarrollar confianza y comprender sus necesidades y motivaciones. Los espías pueden utilizar técnicas como el anclaje, que asocia un estímulo específico con una respuesta emocional deseada, o el framing, que presenta la información de manera estratégica para influir en la interpretación de los hechos.

Sin embargo, es importante tener en cuenta las implicaciones éticas de la persuasión. El poder de influir en las mentes de las personas plantea dilemas morales y responsabilidades. El uso indebido de la persuasión puede llevar a la manipulación, la violación de la privacidad o el abuso de poder.

Por lo tanto, al explorar el poder de la persuasión en el espionaje, es crucial considerar los límites éticos y respetar la integridad de los individuos. La persuasión debe utilizarse de manera responsable y ética, reconociendo el valor de la autonomía individual y evitando la manipulación indebida de los demás.

Principios de Persuasión de Robert Cialdini

Uno de los marcos más conocidos en el campo de la persuasión es el de Robert Cialdini, quien identificó seis principios fundamentales que influyen en las decisiones y el comportamiento humano:

Reciprocidad: Es uno de los principios fundamentales de la persuasión y se basa en la idea de que las personas tienen una tendencia natural a responder de manera favorable cuando se les brinda algo de valor. Este principio implica que, si alguien nos hace un favor, nos sentimos obligados a devolver el gesto de alguna manera.

En el contexto del espionaje, la reciprocidad puede ser utilizada estratégicamente para influir en los objetivos y obtener información valiosa. Por ejemplo, un agente puede comenzar estableciendo una relación de confianza con el objetivo al ofrecerle pequeños favores o concesiones. Estos actos generosos pueden crear un sentido de deuda en la mente del objetivo, lo que aumenta la probabilidad de que estén dispuestos a cooperar y brindar información.

Es importante destacar que la reciprocidad no implica necesariamente una transacción directa de favores o bienes materiales. Puede manifestarse de diferentes formas, como ofrecer apoyo emocional, brindar ayuda en situaciones difíciles o proporcionar recursos valiosos. La clave es crear una sensación de intercambio y equilibrio en la relación con el objetivo.

Escasez: Este principio es otro componente clave en la persuasión y se basa en la idea de que las personas valoran más aquello que es escaso o limitado en cantidad o disponibilidad. Este principio implica que cuando percibimos que algo es difícil de obtener o está en peligro de agotarse, tendemos a desearlo más y a considerarlo de mayor valor.

En el contexto de la inteligencia y del espionaje, el principio de escasez puede ser utilizado estratégicamente para influir en los objetivos y motivar su cooperación. Por ejemplo, un agente puede enfatizar la exclusividad o la rareza de la información que busca obtener, creando una sensación de oportunidad única y limitada. Al hacerlo, se genera un sentido de urgencia en el objetivo para que colabore y comparta dicha información antes de que desaparezca o se vuelva inaccesible.

Es importante destacar que el principio de escasez debe ser aplicado de manera ética y honesta. No se trata de inventar artificialmente la escasez o engañar a las personas, sino de resaltar genuinamente la importancia y el valor de la información o los recursos que se buscan obtener.

Asimismo, es fundamental considerar las implicaciones éticas de utilizar la escasez como estrategia persuasiva. Se deben respetar los límites y no presionar a las personas más allá de lo razonable o manipular sus emociones para obtener ventaja. El objetivo es generar una sensación de valor y oportunidad, no de coacción o explotación.

Autoridad: Se basa en la tendencia natural de las personas a confiar y seguir la guía de figuras que son percibidas como autoridades o expertas en un tema específico.

En el contexto del espionaje, el principio de autoridad se utiliza estratégicamente para influir en los objetivos y obtener su cooperación. Los agentes pueden establecer y proyectar una imagen de autoridad o expertise en áreas relevantes para generar confianza y credibilidad. Esto puede incluir demostrar conocimiento profundo sobre el campo de inteligencia, mostrar experiencia en operaciones pasadas o resaltar conexiones con organizaciones respetadas.

Al reconocer a alguien como una autoridad en un tema determinado, las personas tienden a ser más receptivas a sus recomendaciones o instrucciones. Los objetivos pueden estar más dispuestos a compartir información valiosa, cooperar en operaciones o seguir indicaciones específicas si creen que están siendo guiados por alguien con conocimientos y experiencia superiores.

Compromiso y coherencia: se basa en la idea de que las personas tienen una tendencia a actuar de acuerdo con sus compromisos previos o declaraciones públicas. Este principio se sustenta en el deseo humano de mantener la coherencia entre lo que se dice y se hace, generando una presión interna para seguir con los compromisos establecidos.

En el contexto del espionaje, el principio de compromiso y coherencia se utiliza estratégicamente para influir en los objetivos y obtener su cooperación. Los agentes pueden aprovechar los compromisos previos de los objetivos o hacer que hagan declaraciones públicas que los vinculen a un curso de acción específico. Una vez que los objetivos han expresado su compromiso, es más probable que sigan adelante con acciones coherentes con esas declaraciones, incluso si se sienten incómodos o enfrentan resistencia.

Un ejemplo común de esta estrategia es la técnica del "pie en la puerta" (foot-in-the-door). Consiste en obtener el compromiso inicial del objetivo en una solicitud pequeña y luego, gradualmente, ampliarla hacia solicitudes más grandes. Al hacerlo, se aprovecha el principio de coherencia, ya que los objetivos son más propensos a cumplir con las solicitudes posteriores debido a su deseo de mantenerse coherentes con su compromiso inicial.

Es fundamental que los agentes sean conscientes de los posibles sesgos y vulnerabilidades que pueden surgir al utilizar este principio. Las personas pueden sentirse presionadas a actuar de acuerdo con sus compromisos previos, incluso si no es lo mejor para ellos. Por lo tanto, es importante equilibrar el uso del principio de compromiso y coherencia con la consideración de las necesidades y deseos legítimos de los objetivos.

Similitud: Se basa en la tendencia humana de confiar y sentirse atraído por aquellos que son similares a nosotros en términos de características, intereses, antecedentes o valores. Este principio implica que, cuando percibimos similitudes con alguien, nos resulta más fácil establecer una conexión y confiar en esa persona.

En el contexto de la inteligencia o espionaje, el principio de similitud se utiliza estratégicamente para influir en los objetivos y establecer una relación de confianza. Los agentes pueden buscar puntos en común con los objetivos, ya sea en términos de experiencias compartidas, intereses similares o valores compartidos. Al resaltar estas similitudes, se crea una base sólida para establecer una conexión emocional y una relación de confianza más estrecha.

La similitud también puede manifestarse en la forma en que los agentes se presentan a sí mismos. Pueden adaptar su apariencia, comportamiento o lenguaje para reflejar características similares a las de los objetivos. Esto puede generar una sensación de familiaridad y facilitar la identificación con el agente, lo que a su vez fortalece la relación y aumenta la disposición de los objetivos a cooperar.

Es esencial reconocer que la similitud no garantiza automáticamente la cooperación o la confianza. Cada persona es única y puede tener sus propias consideraciones y motivaciones. Por lo tanto, el principio de similitud debe combinarse con otros enfoques persuasivos y adaptarse a las circunstancias específicas de cada situación.

Consenso social: Se basa en la tendencia humana a seguir el comportamiento de otros cuando percibimos que existe un consenso o acuerdo generalizado sobre una determinada acción o creencia. Este principio se fundamenta en el deseo de las personas de ajustarse a las normas sociales y evitar situaciones de conflicto o desviación.

En el contexto del espionaje, el principio de consenso social se utiliza estratégicamente para influir en los objetivos y obtener su cooperación. Los agentes pueden resaltar y presentar pruebas de que otras personas, especialmente aquellas que son consideradas como figuras de autoridad o expertas, están adoptando determinadas acciones o creencias. Al hacerlo, se busca generar un sentido de conformidad y reforzar la idea de que esa acción o creencia es ampliamente aceptada y respaldada por otros.

El consenso social también puede manifestarse a través de la creación de situaciones en las que se presenta la cooperación o adopción de un determinado comportamiento por parte de otras personas. Por ejemplo, los agentes pueden organizar simulacros o escenarios en los que se muestra a otros colaborando en una acción específica, lo que puede motivar a los objetivos a seguir el ejemplo y participar en la misma acción.

Es fundamental tener en cuenta que el consenso social no anula el juicio crítico o la toma de decisiones individuales. Aunque las personas tienen una tendencia a seguir el comportamiento de otros, aún pueden cuestionar y evaluar la información presentada. Por lo tanto, es importante presentar argumentos sólidos y proporcionar una base racional para respaldar las acciones o creencias propuestas.

Técnicas de Influencia en el Espionaje

Además de los principios de persuasión de Cialdini, las técnicas de influencia son herramientas fundamentales en el mundo del espionaje. Los espías y operadores de inteligencia utilizan una variedad de estrategias persuasivas para obtener información valiosa, manipular situaciones y lograr sus objetivos. En esta sección, exploraremos las diversas técnicas de influencia utilizadas en el espionaje y cómo han sido perfeccionadas a lo largo de los años. Algunas de ellas incluyen:

Creación de rapport: Es una técnica fundamental en el espionaje y se basa en establecer una conexión sólida y de confianza con el objetivo. El objetivo principal de esta técnica es desarrollar una relación empática y colaborativa que facilite la obtención de información valiosa.

La creación de rapport implica utilizar habilidades de comunicación efectiva, escucha activa y empatía para establecer un ambiente de confianza y cooperación mutua. Los operadores de inteligencia y espías se esfuerzan por comprender las necesidades, motivaciones y perspectivas del objetivo, y utilizan esta información para establecer una conexión emocional significativa.

Existen diversas estrategias que los espías emplean para construir el rapport con el objetivo. Algunas de ellas incluyen: *Establecer un ambiente amigable:* Los operadores de inteligencia y espías buscan crear un ambiente cálido y amigable al interactuar con el objetivo. Utilizan lenguaje corporal abierto, expresiones faciales amigables y un tono de voz empático para generar una sensación de comodidad y confianza.

Escucha activa: Los espías demuestran un interés genuino en lo que el objetivo tiene que decir. Practican la escucha activa, prestando atención a los detalles y mostrando empatía hacia sus preocupaciones y perspectivas. Esto ayuda a establecer una conexión más profunda y demuestra que valoran la opinión del objetivo.

Encontrar puntos en común: Los espías buscan identificar intereses, valores o experiencias compartidas con el objetivo. Esto ayuda a establecer una base para la conexión y genera un sentido de similitud. Al encontrar puntos en común, los espías pueden establecer una relación más estrecha y construir la confianza necesaria para obtener información valiosa.

Adaptación al estilo de comunicación del objetivo: Los espías son flexibles en su estilo de comunicación y se adaptan al lenguaje y las preferencias del objetivo. Esto ayuda a establecer una mejor conexión y reduce las barreras de comunicación. Al ajustarse al estilo del objetivo, los espías pueden facilitar una comunicación más fluida y efectiva.

La creación de rapport requiere habilidades interpersonales sólidas y una comprensión profunda de la psicología humana. Es importante destacar que esta técnica se basa en el respeto y la autenticidad. Los espías deben mostrar un genuino interés en el objetivo y establecer una relación de confianza basada en la integridad.

Anclaje: Es una técnica de influencia utilizada en el espionaje que implica asociar un estímulo específico con una respuesta emocional deseada. Esta técnica se basa en la idea de que las personas pueden ser condicionadas para responder de cierta manera al ser expuestas repetidamente a un estímulo específico.

En el contexto del espionaje, los espías utilizan el anclaje para influir en el estado emocional de los objetivos y condicionar su respuesta. El objetivo principal es crear asociaciones mentales que provoquen una respuesta emocional específica cuando se presenta el estímulo anclado. Para utilizar el anclaje de manera efectiva, los espías siguen los siguientes pasos:

➢ *Identificación del estímulo ancla:* Los espías seleccionan cuidadosamente un estímulo que desencadene la respuesta emocional deseada. Puede ser una palabra, una imagen, un gesto o cualquier otro estímulo perceptible.

➢ *Presentación repetida del estímulo ancla:* Los espías exponen repetidamente al objetivo al estímulo ancla en situaciones específicas. La repetición refuerza la asociación entre el estímulo y la respuesta emocional deseada.

➢ *Reforzamiento de la respuesta emocional:* Los espías se aseguran de que la respuesta emocional deseada se produzca o se refuerce al presentar el estímulo ancla. Puede implicar recompensar al objetivo cuando muestra la respuesta deseada o aprovechar situaciones en las que la respuesta emocional ya está presente.

> *Generalización del anclaje:* Una vez establecida la asociación entre el estímulo ancla y la respuesta emocional deseada, los espías pueden utilizar el anclaje en diferentes situaciones para influir en el estado emocional y las respuestas del objetivo.

Además, es esencial reconocer que el anclaje puede variar en su efectividad según las características individuales de las personas y la situación en la que se utiliza. Cada individuo tiene su propio conjunto de experiencias, creencias y predisposiciones emocionales, lo que puede influir en cómo responden al anclaje, sin embargo, un agente bien entrenado, ouede identificar estar características y usarlas a su favor.

Framing: Es una técnica de influencia utilizada en el espionaje que implica presentar la información de manera estratégica para influir en la interpretación y percepción de los hechos. El framing se basa en la idea de que la forma en que se presenta la información puede afectar cómo las personas la comprenden y toman decisiones al respecto.

En el contexto del espionaje, los espías utilizan el framing para moldear la forma en que los objetivos perciben la realidad y toman decisiones. Pueden presentar la información de manera que resalte ciertos aspectos, perspectivas o implicaciones, creando así una narrativa que favorezca sus objetivos.

Algunas estrategias comunes de framing utilizadas en el espionaje incluyen:

> *Enmarcado positivo o negativo:* Los espías pueden presentar la información de manera que resalte los aspectos positivos o negativos de una situación. Al enfocarse en los beneficios o en las consecuencias negativas, pueden influir en cómo los objetivos perciben y evalúan una determinada acción o decisión.

> *Enmarcado de pérdida o ganancia:* Los espías pueden presentar una situación como una oportunidad de ganancia o como una pérdida potencial. El enmarcado de pérdida puede ser especialmente efectivo, ya que las personas tienden a tener un mayor temor a perder algo que a ganar algo de igual valor.

> *Enmarcado comparativo:* Los espías pueden utilizar comparaciones para enmarcar la información. Pueden presentar una opción o curso de acción como superior o inferior en comparación con otra opción. Este enfoque busca influir en las decisiones al resaltar las ventajas o desventajas en relación con una alternativa específica.

> *Enmarcado emocional:* Los espías pueden utilizar el enmarcado emocional para evocar respuestas emocionales específicas. Pueden presentar la información de manera que apelen a las emociones del objetivo, como el miedo, la compasión o la gratitud, para influir en su comportamiento y decisiones.

Los espías deben proporcionar información precisa y relevante, pero también pueden utilizar estrategias de enmarcado para resaltar ciertos aspectos y ayudar a los objetivos a evaluar la situación de manera más favorable a sus objetivos.

Leverage: También conocido como palanca, es una técnica de influencia utilizada en el espionaje que implica identificar los puntos débiles o las necesidades del objetivo y utilizarlos como un medio para obtener información o cooperación.

En el contexto del espionaje, el leverage implica aprovechar las vulnerabilidades emocionales, financieras, profesionales o personales del objetivo para influir en su comportamiento. Al identificar estos puntos débiles, los espías pueden utilizarlos como palanca para motivar al objetivo a colaborar o proporcionar información valiosa.

Algunas estrategias comunes de leverage incluyen:

➢ *Necesidades emocionales:* Los espías pueden identificar las necesidades emocionales del objetivo, como el deseo de reconocimiento, seguridad o pertenencia, y utilizar estas necesidades como palanca para obtener cooperación. Pueden ofrecer apoyo emocional, elogios o reconocimiento para generar un sentido de conexión y motivar al objetivo a colaborar.

➢ *Necesidades financieras:* Si el objetivo tiene necesidades financieras o enfrenta dificultades económicas, los espías pueden utilizar esto como leverage. Pueden ofrecer ayuda financiera, oportunidades de negocios o beneficios económicos a cambio de información o cooperación.

➢ *Vulnerabilidades profesionales:* Si el objetivo tiene preocupaciones o vulnerabilidades en su carrera profesional, los espías pueden utilizar esto como palanca. Pueden ofrecer oportunidades de ascenso, contactos valiosos o información privilegiada que pueda beneficiar al objetivo en su campo profesional a cambio de cooperación.

➢ *Información comprometedora:* Si los espías tienen acceso a información comprometedora sobre el objetivo, pueden utilizarla como leverage para obtener su cooperación. Pueden amenazar con revelar información perjudicial o difamatoria a menos que el objetivo colabore y proporcione la información deseada.

Además, los espías consideraran la reciprocidad y el equilibrio en la relación. El leverage no debe ser utilizado de manera desproporcionada o unilateral. Se debe buscar un enfoque mutuamente beneficioso y respetar la autonomía y dignidad del objetivo.

Reciprocidad selectiva: La reciprocidad selectiva es una técnica de influencia utilizada en el espionaje que implica ofrecer favores o beneficios con la expectativa de recibir algo a cambio. A diferencia de la reciprocidad generalizada, donde se espera una devolución directa de lo que se ha dado, la reciprocidad selectiva implica elegir estratégicamente a quién se ofrece el favor o beneficio con la intención de obtener algo específico a cambio.

En el contexto del espionaje, los espías utilizan la reciprocidad selectiva para generar un sentido de deuda en los objetivos, aumentando así la probabilidad de que estén dispuestos a cooperar y proporcionar información valiosa. Al ofrecer un favor o beneficio inicial, los espías crean una expectativa implícita de reciprocidad en el objetivo, quien puede sentirse obligado a devolver el gesto de alguna manera.

Manipulación Emocional

La manipulación emocional es una herramienta poderosa en la psicología oscura. En este apartado, analizaremos cómo se utilizan las emociones humanas para controlar, persuadir y obtener información valiosa. Exploraremos casos históricos y técnicas específicas, como el uso del miedo, la empatía selectiva y el condicionamiento emocional, entrer otras.

Esta forma de manipulación, es una técnica de influencia utilizada en el espionaje que se centra en aprovechar las emociones de los objetivos con el fin de controlar sus pensamientos, comportamientos y decisiones. Esta técnica implica el uso estratégico de tácticas para influir en las emociones de los objetivos y guiarlos hacia el resultado deseado.

En el contexto del espionaje, la manipulación emocional puede tener varios propósitos, como obtener información valiosa, lograr la cooperación del objetivo o incluso influir en su percepción de la realidad. Al comprender las emociones y vulnerabilidades de los objetivos, los espías pueden utilizar diversas estrategias para manipular sus respuestas emocionales.

Algunas tácticas comunes de manipulación emocional utilizadas en el espionaje incluyen:

Elogios y aprobación: Los espías pueden utilizar elogios y aprobación para generar una respuesta emocional positiva en los objetivos. Al elogiar sus habilidades, conocimientos o logros, se busca generar un sentido de satisfacción y complacencia, lo que puede llevar al objetivo a ser más receptivo a las solicitudes o demandas del espía.

Al utilizar elogios y aprobación, los espías buscan generar una sensación de satisfacción y gratificación en los objetivos. Algunas formas en que se emplean estas técnicas incluyen:

➢ *Reconocimiento de habilidades o logros:* Los espías pueden elogiar las habilidades, conocimientos o logros del objetivo. Al resaltar y reconocer públicamente sus capacidades y logros, se busca generar un sentimiento de orgullo y satisfacción en el objetivo, aumentando su disposición a cooperar y compartir información valiosa.

➢ *Validación de opiniones o perspectivas:* Los espías pueden mostrar aprobación y validar las opiniones o perspectivas del objetivo. Al aceptar y respaldar sus puntos de vista, se busca generar un sentido de aceptación y reconocimiento en el objetivo, lo que puede influir en su disposición a colaborar y confiar en el espía.

➢ *Reforzamiento de la autoestima:* Los espías pueden elogiar la apariencia física, la inteligencia o las cualidades personales del objetivo. Al resaltar las cualidades positivas y reforzar la autoestima del objetivo, se busca generar una sensación de satisfacción y bienestar emocional, lo que puede llevar al objetivo a ser más receptivo a las solicitudes o demandas del espía.

➢ *Agradecimiento y reconocimiento:* Los espías pueden expresar agradecimiento y reconocimiento hacia el objetivo por su cooperación, apoyo o contribución. Al mostrar gratitud y valorar las acciones del objetivo, se busca generar un sentimiento de reciprocidad y compromiso, lo que puede motivar al objetivo a seguir colaborando y compartiendo información.

Es importante tener en cuenta que el uso de elogios y aprobación debe ser genuino y respetuoso. No se trata de halagos vacíos o falsos, sino de reconocer y valorar las cualidades y contribuciones legítimas del objetivo. Los espías deben evitar el uso excesivo o manipulativo de los elogios, ya que esto puede generar desconfianza y erosionar la relación con el objetivo.

Miedo y amenazas: La manipulación emocional también puede implicar el uso del miedo y las amenazas para controlar los pensamientos y acciones de los objetivos. Al generar temor respecto consecuencias negativas o peligros potenciales, los espías pueden inducir al objetivo a actuar de cierta manera o revelar información confidencial.

Estas, son técnicas de manipulación emocional utilizadas en el espionaje para influir en los objetivos a través de la generación de temor y ansiedad. Estas técnicas se basan en la premisa de que las personas tienden a responder más fuertemente a las emociones negativas, como el miedo y pueden ser impulsadas a actuar en función de evitar o mitigar las consecuencias negativas temidas.

En el contexto del espionaje, el uso del miedo y las amenazas puede tener varios propósitos, como:

➤ *Coerción y obediencia:* Se utiliza el miedo para forzar a los objetivos a cumplir con sus demandas o instrucciones. Al generar temor a través de amenazas implícitas o explícitas de daño físico, represalias o consecuencias negativas graves, los espías pueden inducir al objetivo a cooperar por miedo a las consecuencias negativas.

➤ *Protección y seguridad:* Los espías pueden utilizar el miedo como una herramienta para convencer a los objetivos de que cooperen en aras de su propia protección y seguridad. Al destacar los riesgos y peligros potenciales a los que están expuestos, los espías pueden crear un sentido de vulnerabilidad en el objetivo y ofrecerse como protectores o soluciones a esos problemas.

➤ *Revelación de secretos o información comprometedora:* Los operadores de iteligencia o espías pueden amenazar con revelar información comprometedora o secretos sobre el objetivo si no cumple con sus demandas. Esta técnica se basa en el temor a las consecuencias negativas que podrían surgir si se expone información perjudicial. El objetivo puede ser manipulado emocionalmente por el miedo a la humillación, el desprestigio o el daño a su reputación.

Los operadores de inteligencia y espías deben considerar el impacto a largo plazo de la manipulación basada en el miedo y las amenazas en la relación con el objetivo. El abuso continuo del miedo puede dañar la confianza y la relación, lo que puede afectar negativamente la efectividad a largo plazo de la manipulación emocional y la calidad de información o lealtad que pueda tener el objetivo o la fuente.

Empatía y compasión: Los espías pueden aprovechar la empatía y la compasión del objetivo para obtener su cooperación. Al presentarse como alguien que comprende y se preocupa por sus dificultades o problemas, se busca generar un sentimiento de conexión emocional que motive al objetivo a colaborar.

La empatía y la compasión son técnicas de manipulación emocional utilizadas en el espionaje para generar una respuesta emocional positiva en los objetivos. Estas técnicas involucran el uso estratégico de la comprensión y la conexión emocional para influir en las emociones y comportamientos de los objetivos.

Al utilizar empatía y compasión, los espías buscan generar un sentido de conexión emocional con los objetivos, lo que puede llevar a una mayor disposición a cooperar y compartir información valiosa. Algunas formas en que se emplean estas técnicas incluyen:

> *Escucha activa y comprensión:* Los espías practican la escucha activa y demuestran un interés genuino en los sentimientos, experiencias y perspectivas de los objetivos. Al prestar atención y comprender profundamente sus preocupaciones y necesidades, se busca generar un sentido de empatía y conexión emocional.

> *Ofrecimiento de apoyo emocional:* Los espías pueden ofrecer apoyo emocional y comprensión hacia los objetivos en situaciones difíciles o problemáticas. Al mostrar compasión y brindar un espacio seguro para expresar sus emociones, se busca generar un sentido de confianza y conexión, lo que puede aumentar la disposición del objetivo a colaborar y compartir información valiosa.

> *Identificación y validación de emociones:* Los espías pueden identificar y validar las emociones de los objetivos. Al reconocer y aceptar las emociones del objetivo como legítimas y comprensibles, se busca generar un sentido de aceptación y conexión emocional, lo que puede influir en la disposición del objetivo a cooperar y confiar en el espía.

> *Mostrar preocupación y empatía:* Los espías pueden expresar preocupación y empatía hacia los objetivos. Al mostrar un genuino interés por su bienestar y

demostrar una comprensión profunda de sus desafíos y dificultades, se busca generar un sentido de cuidado y conexión emocional, lo que puede motivar al objetivo a colaborar y compartir información valiosa.

Es importante tener en cuenta que el uso de la empatía y la compasión debe ser genuino y respetuoso. No se trata de manipular o explotar las emociones de los objetivos, sino de establecer una conexión empática basada en la comprensión y la preocupación genuina por su bienestar.

Culpa y manipulación emocional negativa: También puede involucrar la inducción de culpa o la manipulación de emociones negativas en los objetivos. Al hacerlos sentir responsables o hacerles creer que han fallado de alguna manera, los espías pueden influir en sus pensamientos y acciones, llevándolos a cumplir con las demandas o solicitudes del espía.

Estas son técnicas utilizadas en el espionaje para influir en los objetivos al hacerlos sentir responsables o generar emociones negativas en ellos. Estas técnicas se basan en aprovechar las vulnerabilidades emocionales de los objetivos para manipular su comportamiento y obtener la respuesta deseada.

Al utilizar la culpa y la manipulación emocional negativa, los espías buscan generar sentimientos de remordimiento, tristeza o vergüenza en los objetivos. Algunas formas en que se emplean estas técnicas incluyen:

➤ *Resaltar los errores o fracasos pasados:* Los espías pueden recordar y enfatizar los errores o fracasos pasados del objetivo. Al hacer esto, se busca generar sentimientos de culpa o vergüenza por su comportamiento pasado y hacer que el objetivo se sienta más inclinado a cooperar o cumplir con las demandas del espía.

➤ *Victimización:* Los espías pueden presentarse como víctimas y culpar al objetivo por su situación o dificultades. Al hacer sentir al objetivo responsable de los problemas o sufrimiento del espía, se busca generar sentimientos de culpa o compasión en el objetivo, lo que puede influir en su disposición a cooperar o proporcionar información.

➤ *Amenazas implícitas de daño o perjuicio:* Los espías pueden utilizar amenazas implícitas para generar miedo y culpabilidad en los objetivos. Al insinuar o dar a entender que su falta de cooperación o cumplimiento de las demandas del espía podría causar daño a sí mismos, a sus seres queridos o a otros, se busca generar una respuesta emocional negativa y una mayor disposición a actuar según lo solicitado.

➤ *Desvalorización y crítica constante:* Los espías pueden utilizar la desvalorización y la crítica constante para minar la confianza y la autoestima del objetivo. Al hacer sentir al objetivo inferior o inadecuado, se busca generar sentimientos de culpa o necesidad de buscar la aprobación del espía, lo que puede influir en su comportamiento y decisiones.

No se debe abusar emocionalmente de los objetivos o causar daño intencionalmente. Además, es fundamental reconocer que el abuso continuo de la culpa y la manipulación emocional negativa puede dañar la relación con el objetivo y generar resentimiento o desconfianza a largo plazo.

Seducción: La seducción es una técnica que implica despertar el deseo y la atracción emocional en los objetivos. Los espías pueden utilizar su encanto, apariencia física, habilidades de comunicación y gestos seductores para generar una respuesta emocional positiva en los objetivos. Al despertar el interés y el deseo, los espías pueden influir en las decisiones y acciones de los objetivos.

Al utilizar la seducción, los espías buscan influir en los objetivos y obtener su cooperación o información valiosa. Algunas formas en que se emplea esta técnica incluyen:

➤ *Apariencia física y atractivo personal:* Los espías pueden cuidar su apariencia física y utilizar su atractivo personal para generar una respuesta emocional positiva en los objetivos. Al presentarse de manera atractiva y cautivadora, se busca despertar el interés y la atracción en los objetivos, lo que puede llevarlos a estar más receptivos y dispuestos a cooperar.

➤ *Carisma y habilidades de comunicación:* Los espías pueden utilizar su carisma y habilidades de comunicación para generar una conexión emocional con los objetivos. Al ser encantadores, persuasivos y cautivadores en su forma de hablar y relacionarse, se busca despertar el interés y la simpatía en los objetivos, lo que puede influir en su disposición a colaborar y compartir información.

➤ *Halagos y elogios:* Los espías pueden utilizar halagos y elogios estratégicos para generar una respuesta emocional positiva en los objetivos. Al destacar sus cualidades, habilidades o logros de manera elogiosa, se busca generar una sensación de satisfacción y gratificación en los objetivos, lo que puede aumentar su disposición a cooperar y complacer al espía.

➤ *Gestos y lenguaje corporal seductores:* Los espías pueden utilizar gestos, expresiones faciales y lenguaje corporal seductores para generar una atracción y una conexión emocional en los objetivos. Al utilizar movimientos suaves, contacto visual intenso y gestos coquetos, se busca despertar el interés y la fascinación en los objetivos, lo que puede influir en su disposición a estar abiertos y receptivos.

Con la seducción los espías buscan generar una respuesta emocional positiva y crear una conexión sinceras o postizas con los objetivos, su principal objetivo siempre es obtener lo que necesita.

Victimización: La victimización es una técnica de manipulación emocional utilizada en el espionaje para influir en los objetivos al presentarse como víctimas de circunstancias adversas o injusticias. Esta técnica busca despertar compasión, empatía o incluso culpa en los demás, con el objetivo de obtener su cooperación, simpatía o apoyo.

Al utilizar la victimización, los espías pueden emplear diferentes estrategias para manipular las emociones de los objetivos:

➢ *Relato de una historia personal trágica:* Los espías pueden narrar una historia personal trágica en la que se presentan como víctimas de circunstancias difíciles o injustas. Al compartir sus experiencias de sufrimiento, abuso o adversidad, buscan generar compasión y empatía en los objetivos, lo que puede llevarlos a sentir la necesidad de ayudar o colaborar con el espía.

➢ *Exposición de la vulnerabilidad y la necesidad de protección:* Los espías pueden resaltar su propia vulnerabilidad y la necesidad de protección. Pueden mostrar su fragilidad o debilidad ante amenazas reales o percibidas, generando un sentimiento de responsabilidad en los objetivos y haciendo que se sientan obligados a brindar apoyo o asistencia.

➢ *Creación de una imagen de injusticia o persecución:* Los operadores de inteligencia, pueden retratarse a sí mismos como víctimas de injusticias o persecuciones. Pueden enfatizar supuestas conspiraciones en su contra o presentarse como personas que sufren represalias o tratos injustos, con el objetivo de despertar simpatía y solidaridad en los objetivos.

➢ *Generación de culpa en los demás:* Los espías pueden utilizar la victimización para hacer sentir a los objetivos responsables de su sufrimiento o dificultades. Pueden insinuar o expresar directamente

41

que la falta de colaboración o ayuda por parte de los objetivos agrava su situación, generando sentimientos de culpa y motivando a los objetivos a actuar en favor del espía.

Al narrar historias trágicas, exponer vulnerabilidad, crear una imagen de injusticia o generar culpa en los demás, los espías buscan manipular las emociones de los objetivos.

Desencadenar rivalidades o enemistades: Es una técnica de manipulación emocional utilizada en el espionaje para influir en los objetivos al fomentar conflictos o divisiones entre ellos o entre el objetivo y otras personas. Esta técnica busca generar emociones negativas, como la envidia, el resentimiento o el odio, con el fin de distraer, debilitar o controlar la posición del objetivo.

Al utilizar la desencadenación de rivalidades o enemistades, los espías pueden emplear diferentes estrategias para manipular las emociones de los objetivos:

➢ *Sembrar discordia entre objetivos:* Los espías pueden difundir información o rumores diseñados para crear desconfianza o conflicto entre los objetivos. Al destacar supuestas traiciones, desacuerdos o competencia, buscan generar rivalidades o enemistades entre ellos, lo que puede distraer su atención de los verdaderos objetivos del espía.

➢ *Fomentar envidias o resentimientos:* Los operadores de inteligencia pueden resaltar logros, privilegios o beneficios que algunos objetivos tengan en comparación con otros. Al crear disparidades percibidas, se busca generar envidias o resentimientos entre los objetivos, lo que puede debilitar su cooperación o colaboración y facilitar el control del espía sobre ellos.

➢ *Manipular conflictos preexistentes:* Si existen tensiones o conflictos previos entre los objetivos, los espías pueden aprovecharlos para exacerbar las emociones negativas y profundizar la enemistad. Al impulsar o intervenir en los conflictos existentes, buscan mantener a los objetivos distraídos o enfrentados entre sí, debilitando su capacidad para resistir o interferir con los planes del espía.

➢ *Crear una imagen negativa de otros individuos o grupos:* Los agentes, operadores y espias, pueden difundir información negativa, falsa o exagerada sobre ciertas personas o grupos con el objetivo de generar animosidad o enemistad hacia ellos. Al crear una percepción negativa y alimentar prejuicios, se busca que los objetivos se concentren en la rivalidad o enemistad hacia esos individuos o grupos, desviando su atención de los verdaderos propósitos del espía.

Quien hace uso de la desencadenación de rivalidades o enemistades como técnica de manipulación emocional debe asegurarse de no crear divisiones irreparables o generar daño emocional duradero, a menos que por la naturaleza de la misión, sea necesario.

Generar incertidumbre y miedo al cambio: Los operadores de inteligencia y espías, pueden manipular las emociones al crear incertidumbre y miedo en los objetivos acerca de los cambios o las consecuencias negativas que podrían surgir si no cooperan. Al resaltar los riesgos y las posibles pérdidas, los operadores pueden generar ansiedad y miedo, lo que puede llevar a los objetivos a actuar según las directrices del agente.

Al utilizar la generación de incertidumbre y miedo al cambio, se pueden emplear diferentes estrategias para manipular las emociones de las personas:

➤ *Enfatizar los riesgos y las consecuencias negativas:* Se resaltan los posibles peligros, dificultades o pérdidas asociadas con el cambio. Se exageran los posibles resultados negativos para generar ansiedad y temor hacia cualquier modificación en la situación actual.

➤ *Sembrar dudas y ambigüedad:* Se difunde información contradictoria o se evita proporcionar detalles claros sobre los cambios propuestos. Al crear un ambiente de incertidumbre y confusión, se busca generar inseguridad y resistencia al cambio.

➤ *Utilizar ejemplos negativos o fracasos pasados:* Se utilizan ejemplos de situaciones en las que los cambios no tuvieron éxito o resultaron en consecuencias desfavorables. Se busca generar miedo al cambio al enfocarse en las experiencias negativas del pasado.

➤ *Explotar la zona de confort:* Se resalta la comodidad y seguridad de mantenerse en la situación actual. Se enfatiza que el cambio conlleva riesgos y dificultades desconocidas, mientras que permanecer en la zona de confort ofrece estabilidad y familiaridad.

Dependiendo del contexto y de las intenciones detrás de su uso, podría considerarse manipulativo o abusivo.

Capítulo 2

Manipulación Emocional y Control Mental

En el intrigante mundo del espionaje y la inteligencia, el dominio de las habilidades de manipulación emocional y control mental se ha convertido en una herramienta invaluable para aquellos que buscan obtener información confidencial, influir en los demás y mantener el control sobre situaciones críticas. En este capítulo, exploraremos en profundidad el poderoso vínculo entre la manipulación emocional, el control mental y cómo estas técnicas se utilizan de manera sutil pero efectiva en el ámbito de la psicología oscura.

El primer aspecto que abordaremos es la manipulación emocional, una estrategia que implica aprovechar las emociones humanas para influir en los demás y obtener ventaja. Analizaremos casos históricos y estudios de investigación que revelan cómo la manipulación emocional puede debilitar la resistencia de las personas y abrir puertas hacia la obtención de información confidencial.

A continuación, nos sumergiremos en el fascinante mundo del control mental, donde los límites de la realidad y la percepción se difuminan. Examinaremos las técnicas empleadas para ejercer control sobre la mente de los individuos, como la programación neurolingüística, la hipnosis y la sugestión subliminal. A través de ejemplos y casos reales, analizaremos cómo el control mental se utiliza como una herramienta poderosa para moldear creencias, inducir comportamientos específicos y mantener la lealtad de los sujetos manipulados.

Ademas, descubriremos los secretos y estrategias detrás de la manipulación emocional y el control mental en el contexto del espionaje y la inteligencia. A medida que desentrañemos estas técnicas oscuras, es fundamental recordar la importancia de su uso ético y responsable, y reflexionar sobre las implicaciones que tienen para la autonomía, la privacidad y el bienestar de las personas afectadas.

Manipulación Emocional

La manipulación emocional como se explicó anteriormente, implica el uso de tácticas y estrategias psicológicas para influir en las emociones y sentimientos de una persona con el objetivo de obtener beneficios personales o controlar sus acciones. Se basa en aprovechar las vulnerabilidades emocionales de alguien y utilizar diferentes técnicas para generar respuestas emocionales específicas.

La manipulación emocional puede involucrar el uso de halagos excesivos, generar miedo o culpa, utilizar la seducción o la victimización, entre otras tácticas, con el fin de ejercer influencia y poder sobre la persona manipulada.

Ademas de las mencionadas hasta el momento, existen diferentes técnicas de manipulación que se utilizan en el espionaje y otros ámbitos. Las más comunes son:

Juegos de culpa: son una táctica de manipulación emocional que implica utilizar estrategias para hacer sentir culpable a una persona y obtener así su sumisión o complacencia. Estos juegos se basan en exagerar los errores o responsabilidades de la persona objetivo, enfocándose en sus supuestas faltas o deficiencias. El manipulador busca desencadenar sentimientos de culpa en la persona, haciendo que se sienta responsable de los problemas o dificultades que enfrenta el manipulador.

A través de la culpa, el manipulador busca controlar el comportamiento y las decisiones de la persona, logrando que esta se sienta obligada a cumplir con sus demandas o deseos para aliviar la carga emocional de la culpa impuesta. Es importante destacar que los juegos de culpa pueden ser manipulativos y dañinos para la autoestima y el bienestar emocional de la persona objetivo.

Comparaciones desfavorables: El manipulador compara constantemente a la persona objetivo con otros, resaltando las supuestas deficiencias o inferioridades de esta última, con el fin de minar su autoestima y crear dependencia emocional.

Son una técnica de manipulación emocional en la cual se utilizan estrategias para comparar constantemente a una persona con otros, resaltando las supuestas deficiencias o inferioridades de la persona objetivo. El manipulador busca minar la autoestima y la confianza de la persona al enfocarse en aquellas áreas en las que supuestamente no alcanza los estándares establecidos.

A través de estas comparaciones negativas, el manipulador busca generar dependencia emocional en la persona objetivo, haciéndola sentir insegura y menos valiosa que los demás. Al crear este sentimiento de inferioridad, el manipulador busca controlar el comportamiento y las decisiones de la persona, promoviendo así su sumisión y complacencia. Es importante reconocer que las comparaciones desfavorables pueden ser manipulativas y perjudiciales para la autoestima y el bienestar emocional de la persona objetivo.

Reafirmación selectiva: Es una técnica de manipulación emocional en la cual se proporciona elogios y validación de manera selectiva a una persona. El manipulador elige qué comportamientos, ideas o acciones elogiar, reforzando aquellos que benefician sus propios intereses y desvalorizando o ignorando aquellos que no se alinean con sus deseos.

Mediante esta estrategia, el manipulador busca influir en la autoestima y la confianza de la persona objetivo. Al recibir elogios y validación solo cuando cumple con las expectativas del manipulador, la persona objetivo puede volverse dependiente de esa aprobación y tenderá a actuar de acuerdo con los deseos y necesidades del manipulador para obtener más reconocimiento positivo.

La reafirmación selectiva es una forma de control emocional que busca moldear la conducta y las decisiones de la persona objetivo, creando una dinámica de poder desequilibrada. Es importante reconocer este tipo de manipulación y mantener una perspectiva crítica sobre las motivaciones subyacentes del manipulador.

Promoción de la dependencia económica: Es una estrategia de manipulación emocional en la cual el manipulador busca crear una situación donde la persona objetivo se vuelva dependiente de su apoyo económico. A través de esta táctica, el manipulador ejerce control y poder sobre la persona al convertirse en su principal proveedor económico.

El manipulador puede utilizar diferentes métodos para promover la dependencia económica, como limitar o controlar el acceso de la persona a recursos financieros independientes, desalentar o dificultar su búsqueda de empleo o crear una dinámica de intercambio económico desequilibrada en la relación.

Al generar una dependencia económica, el manipulador ejerce influencia sobre la persona objetivo, ya que esta se encuentra en una posición de vulnerabilidad al depender de él o ella para satisfacer sus necesidades básicas y financieras. Esta dependencia puede llevar a la persona a sentirse atrapada en la relación y más propensa a cumplir con los deseos y demandas del manipulador para mantener la estabilidad económica.

Amenazas a la seguridad personal: Son una estrategia de manipulación emocional en la cual el manipulador utiliza amenazas o sugiere la existencia de peligros inminentes para generar miedo y ansiedad en la persona objetivo. Estas amenazas pueden ser tanto verbales como implícitas, y su objetivo es ejercer control sobre el comportamiento y las decisiones de la persona manipulada.

El manipulador puede utilizar diversas tácticas para generar estas amenazas, como hacer alusiones a posibles daños físicos, insinuar consecuencias negativas para la persona o sus seres queridos o crear una sensación de inseguridad constante en su entorno.

El miedo generado por las amenazas a la seguridad personal puede llevar a la persona objetivo a obedecer las demandas o instrucciones del manipulador como una forma de protección o autopreservación. La manipulación a través de amenazas a la seguridad personal busca generar un sentido de vulnerabilidad y dependencia en la persona objetivo, socavando su capacidad de tomar decisiones independientes y mantener su autonomía.

Manipulación de la compasión: Es una estrategia emocional en la cual el manipulador explota la compasión y la bondad natural de una persona para obtener beneficios personales o manipularla en su favor. Esta táctica implica despertar sentimientos de compasión en la persona objetivo al presentarse como alguien necesitado, vulnerable o en una situación difícil.

El manipulador puede utilizar historias trágicas, mostrar sufrimiento o aparentar estar en desventaja para ganar la simpatía y la compasión de la persona objetivo. Al hacerlo, busca generar un sentido de obligación en la persona para ayudarlo o satisfacer sus demandas.

La manipulación de la compasión puede incluir acciones como exagerar las dificultades que enfrenta el manipulador, hacer sentir culpabilidad a la persona por no brindar ayuda o utilizar su compasión como una moneda de cambio para obtener favores o complacencia.

Manipulación de la lealtad: Es una estrategia emocional en la cual el manipulador busca utilizar los sentimientos de lealtad y pertenencia de una persona para obtener beneficios personales o influir en su comportamiento. Esta táctica se basa en aprovechar el deseo natural de las personas de mantener relaciones cercanas y ser leales a quienes consideran importantes en sus vidas.

El manipulador puede buscar generar un fuerte sentido de lealtad hacia sí mismo al establecer una relación estrecha y afectiva con la persona objetivo. Puede utilizar tácticas como el refuerzo positivo, los gestos de cariño o la demostración de apoyo incondicional para fortalecer el vínculo emocional y hacer que la persona se sienta obligada a cumplir con sus deseos o necesidades.

Además, el manipulador puede utilizar la amenaza de perder esa lealtad o de ser excluido del círculo de confianza para ejercer control sobre la persona. Puede hacer sentir a la persona objetivo culpable o insegura al cuestionar su lealtad, lo que puede llevarla a actuar en consonancia con los deseos del manipulador para mantener la relación y el sentido de pertenencia.

Creación de dependencia emocional inversa: Es una estrategia de manipulación emocional en la cual el manipulador se presenta como una persona vulnerable y dependiente de la persona objetivo. Esta táctica busca generar un sentido de responsabilidad y compromiso emocional en la persona objetivo, haciendo que se sienta responsable de cuidar y satisfacer las necesidades del manipulador.

El manipulador puede utilizar la victimización, mostrarse necesitado de apoyo, de afecto o presentarse como alguien que no puede funcionar adecuadamente sin la presencia y atención constante de la persona objetivo. A través de estas acciones, el manipulador busca generar un sentimiento de obligación y dependencia emocional en la persona, quien se siente responsable de proporcionar el apoyo y cuidado requeridos.

La creación de dependencia emocional inversa puede hacer que la persona objetivo se sienta responsable del bienestar emocional del manipulador, descuidando sus propias necesidades y limitando su capacidad de establecer límites saludables. Esta táctica puede ser utilizada para mantener un control sobre la persona objetivo y garantizar que cumpla con las demandas y deseos del manipulador.

Difusión de la duda y la inseguridad: Es una estrategia de manipulación emocional en la cual el manipulador busca socavar la confianza y la seguridad de una persona objetivo. Esta táctica implica sembrar la incertidumbre y hacer que la persona cuestione sus propias percepciones, decisiones y juicio.

El manipulador puede utilizar diferentes técnicas para lograr esto, como desacreditar las opiniones de la persona objetivo, cuestionar sus habilidades o competencias, o hacer comentarios negativos sobre su apariencia, inteligencia o valía. También puede contradecir constantemente las afirmaciones de la persona o tergiversar los hechos para generar confusión.

Al difundir la duda y la inseguridad, el manipulador busca ejercer control sobre la persona objetivo. Al hacerla sentir insegura acerca de sus propias capacidades y perspectivas, la persona se vuelve más dependiente del manipulador para recibir orientación y validación. Además, la duda y la inseguridad pueden llevar a la persona a buscar la aprobación y el apoyo del manipulador, lo que fortalece su influencia y poder sobre ella.

Control Mental

El control mental se refiere a un proceso mediante el cual una persona o grupo ejerce influencia sobre la mente de otra persona para modificar sus creencias, pensamientos y comportamientos de acuerdo con sus propios intereses. Implica la manipulación psicológica y emocional con el objetivo de obtener sumisión y control total sobre la persona manipulada.

Se lleva a cabo utilizando diversas estrategias y técnicas. Algunas de las estrategias comunes incluyen:

Manipulación de la información: Es una técnica utilizada en el lavado de cerebro y en la manipulación psicológica en general. Consiste en controlar y distorsionar la información que una persona recibe, con el fin de moldear su percepción de la realidad y de promover las creencias y perspectivas del manipulador.

Existen varias formas de manipulación de la información, incluyendo:

➢ *Ocultamiento selectivo:* El manipulador oculta información relevante o crítica que podría cuestionar sus enseñanzas o puntos de vista. Esto puede hacer que la persona objetivo tenga una visión sesgada y limitada de la situación o del mundo en general.

➢ *Desinformación y falsedades:* El manipulador proporciona información falsa o distorsionada, lo que puede llevar a la persona objetivo a adoptar creencias y conclusiones incorrectas. El uso de mentiras y engaños es una táctica común para influir en la percepción y el pensamiento de la persona.

➢ *Manipulación de fuentes*: El manipulador controla las fuentes de información a las que la persona objetivo tiene acceso, asegurándose de que solo se le presenten perspectivas y puntos de vista que apoyen sus propias creencias. Esto puede incluir censurar o limitar el acceso a información independiente o crítica.

➢ *Repetición y adoctrinamiento:* El manipulador repite constantemente sus mensajes y enseñanzas, con el objetivo de crear una "verdad" incuestionable en la mente de la persona objetivo. Mediante la repetición constante, se busca internalizar y aceptar estas ideas sin cuestionamiento.

➢ *Desacreditación de fuentes externas:* El manipulador desacredita y desvaloriza fuentes de información externas que podrían cuestionar sus enseñanzas. Puede difamar a expertos, científicos o personas con puntos de vista alternativos, generando desconfianza hacia cualquier información que no provenga del manipulador.

La manipulación de la información tiene como objetivo controlar la percepción y el pensamiento de la persona objetivo, limitando su capacidad de cuestionar y formar sus propias opiniones. Al controlar la información que una persona recibe, el manipulador puede ejercer un control poderoso sobre su visión del mundo y promover sus propias agendas.

Aislamiento social: Es una técnica utilizada en el contexto de manipulación emocional y control mental. Consiste en separar a una persona objetivo de su red de apoyo y limitar su interacción con personas externas al manipulador. Esta táctica tiene como objetivo crear dependencia emocional hacia el manipulador y debilitar la influencia de otras perspectivas que podrían desafiar o cuestionar las enseñanzas o el control del manipulador.

Existen diferentes formas en las que se lleva a cabo el aislamiento social:

➢ *Restricción de contactos:* El manipulador puede prohibir o limitar los contactos de la persona objetivo con amigos, familiares o cualquier otra persona que no esté bajo su control. Esto puede implicar supervisar y controlar las comunicaciones de la persona, como revisar sus mensajes o correos electrónicos, o incluso bloquear o impedir que se relacione con personas fuera de su influencia.

➤ *Difamación y desacreditación:* El manipulador puede difamar y desacreditar a las personas cercanas a la persona objetivo, creando una percepción negativa de ellas y generando desconfianza. Esto puede hacer que la persona objetivo se aleje de su círculo social y dependa cada vez más del manipulador para obtener apoyo emocional y social.

➤ *Separación física:* El manipulador puede aislar físicamente a la persona objetivo, alejándola de su entorno familiar, amigos o comunidad. Esto puede implicar mudarse a un lugar remoto, limitar los viajes o incluso encerrar a la persona en un entorno controlado donde no tenga acceso a interacciones sociales externas.

➤ *Creación de una "familia" sustituta:* El manipulador puede buscar reemplazar la red de apoyo existente de la persona objetivo al formar un grupo o comunidad que se convierte en su principal fuente de interacción y apoyo emocional. Esto refuerza la dependencia de la persona hacia el manipulador y dificulta la conexión con otras personas fuera de este nuevo entorno.

El aislamiento social busca debilitar los vínculos de la persona objetivo con otras personas y generar dependencia emocional hacia el manipulador. Al limitar las interacciones sociales y el acceso a diferentes perspectivas, el manipulador puede ejercer un mayor control sobre la persona y mantenerla influenciable a sus deseos y enseñanzas.

Privación de sueño y nutrición: Es una técnica utilizada en ciertos casos de manipulación y control psicológico. Consiste en privar a una persona de un sueño adecuado y de una nutrición adecuada con el fin de debilitar su estado físico y mental, haciéndola más vulnerable a la manipulación y al control por parte del manipulador.

La privación de sueño puede lograrse mediante la interrupción del descanso normal de la persona, imponiendo horarios de vigilia extensos, interrupciones constantes o incluso usando técnicas de privación física para evitar que la persona descanse adecuadamente. La falta de sueño afecta negativamente el estado de ánimo, la claridad mental y la capacidad de razonamiento, lo que hace que la persona objetivo sea más susceptible a la manipulación y menos capaz de resistir o cuestionar las enseñanzas del manipulador.

En cuanto a la privación de nutrición, se puede utilizar la restricción de alimentos o la manipulación de la dieta para debilitar el cuerpo y afectar el funcionamiento mental y emocional de la persona. La falta de nutrientes adecuados puede causar fatiga, debilidad física, dificultad para concentrarse y cambios en el estado de ánimo, lo que puede hacer que la persona objetivo sea más propensa a aceptar y seguir las órdenes o enseñanzas del manipulador.

Estas tácticas de privación de sueño y nutrición buscan alterar el equilibrio físico y emocional de la persona objetivo, debilitando su resistencia y aumentando su dependencia del manipulador. Es importante tener en cuenta que la privación de sueño y nutrición adecuados es perjudicial para la salud y puede tener graves consecuencias físicas y mentales.

Intimidación y coerción: Son técnicas utilizadas en el contexto de manipulación y control psicológico. Estas estrategias buscan ejercer presión sobre una persona objetivo a través del miedo, la amenaza o el uso de la fuerza, con el fin de obtener conformidad o sumisión.

La intimidación implica el uso de tácticas para infundir miedo y generar un ambiente de temor en la persona objetivo. Esto puede incluir amenazas verbales o físicas, actitudes agresivas, abuso verbal o incluso violencia física. La intimidación busca debilitar la confianza y la autoestima de la persona, haciéndola sentir vulnerable y más propensa a ceder ante las demandas del manipulador por temor a las consecuencias negativas.

La coerción, por su parte, implica el uso de la fuerza, la presión o la manipulación para influir en las decisiones y acciones de la persona objetivo. Esto puede incluir la aplicación de sanciones, castigos o consecuencias negativas si la persona no cumple con las exigencias del manipulador. También puede involucrar el uso de recompensas selectivas para motivar o manipular a la persona a actuar de acuerdo con los deseos del manipulador.

La intimidación y coerción son tácticas abusivas que buscan ejercer control y poder sobre la persona objetivo. Estas estrategias pueden socavar la autonomía, la autoestima y el bienestar emocional de la persona. Es fundamental reconocer estas prácticas y buscar ayuda y apoyo para salir de situaciones de manipulación y abuso.

Reprogramación de creencias: Es una técnica utilizada en la manipulación psicológica y el control mental, con el objetivo de cambiar las creencias y los valores de una persona objetivo y reemplazarlos por los del manipulador. Esta técnica busca influir en la forma en que la persona piensa y percibe el mundo, moldeando su sistema de creencias para alinearlo con los objetivos y deseos del controlador.

La reprogramación de creencias implica varios pasos y estrategias:

➢ *Identificación de creencias existentes:* El manipulador identifica las creencias y valores actuales de la persona objetivo. Esto puede hacerse a través de conversaciones, cuestionamientos o evaluaciones de la persona.

➢ *Desafío y cuestionamiento de creencias existentes:* El manipulador cuestiona y desafía las creencias y valores de la persona, presentando argumentos y perspectivas que contradicen sus creencias actuales. Se pueden utilizar tácticas como la ridiculización, el menosprecio o la distorsión de las creencias actuales para debilitar su validez.

➢ *Introducción de nuevas creencias:* El manipulador presenta nuevas ideas, creencias y perspectivas que desea que la persona adopte. Estas nuevas creencias se presentan de manera repetitiva y persuasiva, con el objetivo de internalizarlas en la mente de la persona objetivo.

➤ *Reforzamiento y condicionamiento:* Se utilizan técnicas de refuerzo positivo y condicionamiento para fortalecer las nuevas creencias y debilitar las creencias antiguas. Esto puede incluir recompensas, elogios, aceptación social o cualquier forma de gratificación que se otorgue cuando la persona adopta y muestra conformidad con las nuevas creencias.

➤ *Repetición y exposición constante:* La reprogramación de creencias implica la repetición constante de las nuevas ideas y creencias, así como la exposición continua a mensajes y entornos que apoyen esas creencias. Esto busca consolidar y reforzar la nueva programación mental en la persona objetivo.

La reprogramación de creencias puede ser una táctica manipulativa y abusiva cuando se utiliza para controlar y manipular a una persona sin su consentimiento y en contra de su voluntad. Mantener una mente crítica y abierta, y buscar fuentes de información independientes y diversas, puede ayudar a preservar la autonomía y evitar ser víctima de la reprogramación de creencias.

"Lavado de cerebro"

El lavado de cerebro es un término relacionado que se refiere a un proceso más intensivo de control mental en el cual se busca alterar drásticamente las creencias y la identidad de una persona. Se lleva a cabo a través de técnicas intensas de manipulación psicológica y coerción, como la privación de sueño, el aislamiento extremo y el uso de tácticas agresivas.

Ejemplos históricos de lavado de cerebro incluyen sectas destructivas, cultos y situaciones de rehenes.

Ademas del aislamiento social, la manipulación de la información y la privación del sueño que mencionamos anteriorente, existen algunas técnicas adicionales que a menudo se asocian con esta practica:

Confusión y contradicción: Son técnicas utilizadas en la manipulación psicológica para desorientar y debilitar a una persona objetivo. Estas estrategias buscan generar incertidumbre, dificultad para tomar decisiones claras y una sensación de desequilibrio mental en la persona, lo que la hace más vulnerable a la influencia y control del manipulador.

La confusión se crea al proporcionar a la persona objetivo información contradictoria, inconsistente o confusa. El manipulador puede presentar argumentos opuestos, dar instrucciones ambiguas o cambiar de opinión frecuentemente. Esto hace que la persona objetivo no sepa en qué creer o qué camino seguir, generando inseguridad y dependencia hacia el manipulador para obtener orientación.

La contradicción implica presentar a la persona objetivo mensajes o acciones contradictorias. Por ejemplo, el manipulador puede decir una cosa y hacer otra, enviar señales mixtas o comportarse de manera inconsistente. Esto crea confusión y dificulta que la persona objetivo pueda entender y predecir el comportamiento del manipulador, lo que a su vez aumenta su dependencia y la dificultad para tomar decisiones independientes.

Estas técnicas de confusión y contradicción buscan debilitar la capacidad de pensamiento crítico y el sentido de realidad del objetivo. Al hacerlo, el manipulador puede ejercer un mayor control sobre sus pensamientos y acciones. La persona objetivo puede llegar a dudar de sí misma, buscar la aprobación o validación del manipulador y perder su capacidad de discernimiento independiente.

Deseo de pertenencia y aceptación: Es una técnica utilizada en la manipulación emocional para influir en las personas y obtener su conformidad. Esta estrategia se basa en el anhelo humano innato de ser parte de un grupo, de ser aceptado y de sentirse conectado emocionalmente con otros.

El manipulador aprovecha este deseo de pertenencia y aceptación para establecer un sentido de comunidad o grupo exclusivo al cual la persona objetivo desea pertenecer. Se promueve la idea de que al adoptar las creencias y comportamientos del grupo o seguir las directrices del manipulador, la persona será aceptada y valorada incondicionalmente.

El operador de inteligencia o espía puede utilizar diversas tácticas para fortalecer este deseo de pertenencia y aceptación:

➢ *Creación de un ambiente de camaradería:* El operador de inteligencia o espia, fomenta un ambiente cálido y acogedor en el grupo, donde los miembros se sienten conectados y valorados. Se promueve una sensación de "familia" o comunidad íntima.

➢ *Elogios y recompensas selectivas:* El manipulador elogia y recompensa a aquellos que demuestran conformidad con las creencias y comportamientos deseados. Estos elogios y recompensas refuerzan la sensación de aceptación y refuerzan el deseo de seguir las pautas establecidas.

➤ *Exclusividad y secretos compartidos:* El manipulador puede crear una sensación de exclusividad y secreto dentro del grupo, haciendo que los miembros se sientan parte de algo especial y único. Se generan vínculos emocionales fuertes y se promueve la idea de que solo aquellos que siguen las enseñanzas del manipulador son verdaderamente aceptados y comprendidos.

➤ *Establecimiento de normas y expectativas:* El manipulador establece normas y expectativas estrictas dentro del grupo, y se refuerza la idea de que cumplir con estas normas es esencial para mantener la pertenencia y aceptación. El incumplimiento de estas normas puede resultar en el rechazo o la exclusión del grupo.

El deseo de pertenencia y aceptación es natural y saludable, pero puede ser explotado en situaciones manipulativas. Es esencial mantener una mente crítica y evaluar si la aceptación y la pertenencia dentro de un grupo se basan en la manipulación y el control emocional.

Reeducación forzada: Es una técnica controvertida utilizada en algunos contextos para cambiar las creencias, actitudes y comportamientos de las personas a través de la coerción y la manipulación. Implica someter a la persona objetivo a un programa intensivo de reeducación con el objetivo de alterar drásticamente su sistema de creencias y su identidad.

Esta técnica a menudo se lleva a cabo en entornos totalitarios, como campos de reeducación política, prisiones o sectas destructivas. La reeducación forzada puede incluir elementos como:

➤ *Imposición de una ideología:* Se presenta una única perspectiva o ideología como la "correcta" y se exige su adhesión incondicional. La persona objetivo es sometida a repetición constante de consignas, doctrinas y enseñanzas que refuerzan esta ideología.

➤ *Castigos y recompensas:* Se utilizan castigos físicos, emocionales o sociales para reprimir cualquier resistencia o desviación de las enseñanzas impuestas. Al mismo tiempo, se otorgan recompensas, como privilegios o reconocimiento, a aquellos que muestran una conformidad total.

➤ *Sesiones de adoctrinamiento intensivo:* La persona objetivo es sometida a sesiones de adoctrinamiento prolongadas y extenuantes, que pueden incluir discursos, lecturas, estudios y prácticas diseñadas para reprogramar sus pensamientos y creencias.

La reeducación forzada es considerada como una violación de los derechos humanos y una práctica altamente controvertida. No respeta la autonomía ni la libertad de pensamiento de la persona, y puede tener graves consecuencias para su salud mental y emocional.

Control de la comunicación: Es una técnica utilizada en la manipulación y el control psicológico para limitar o manipular la forma en que una persona objetivo se comunica con el mundo exterior. Esta táctica busca ejercer un dominio sobre la información que la persona recibe y transmite, con el fin de influir en su percepción de la realidad y en sus interacciones con los demás.

Existen varias formas en las que se puede llevar a cabo el control de la comunicación:

> *Censura de la información:* El agente manipulador puede restringir o filtrar la información a la que la persona objetivo tiene acceso. Esto implica limitar su exposición a noticias, medios de comunicación independientes, sitios web o cualquier otra fuente de información que pueda ofrecer perspectivas alternativas o cuestionar las enseñanzas del manipulador.

> *Monitoreo y supervisión de la comunicación:* El operador de inteligencia puede vigilar y controlar las comunicaciones de la persona objetivo. Esto puede incluir revisar sus mensajes de texto, correos electrónicos o registros telefónicos, incluso instalar dispositivos de vigilancia en su entorno para monitorear sus conversaciones.

> *Manipulación de la narrativa:* El agente de inteligencia o espia, busca moldear la forma en que se presenta la información a la persona objetivo. Puede distorsionar los hechos, omitir detalles relevantes o dar una interpretación sesgada de los eventos para influir en la percepción y comprensión de la persona.

➢ *Aislamiento de redes de apoyo:* El operador puede intentar alejar a la persona objetivo de su red de apoyo, como familiares y amigos, para evitar que obtenga perspectivas o apoyo emocional que puedan cuestionar o desafiar las enseñanzas del manipulador.

➢ *Manipulación de la comunicación interpersonal:* El oficial de inteligencia o manipulador puede influir en la forma en que la persona se comunica con los demás, fomentando la desconfianza, imponiendo restricciones en la elección de palabras o controlando los mensajes que se transmiten.

El control de la comunicación busca ejercer un dominio sobre la información que la persona objetivo recibe y comparte, limitando su capacidad de obtener perspectivas diversas y de expresar sus propios pensamientos y emociones.

Rituales y prácticas de coerción: Son técnicas utilizadas en la manipulación y el control psicológico para reforzar el poder y la influencia del agente manipulador sobre la persona objetivo. Estas prácticas suelen ser repetitivas y están diseñadas para generar obediencia, sumisión y conformidad a través de la coerción psicológica.

Algunas practicas de rituales y coerción incluyen:

➢ *Sesiones de adoctrinamiento intensivas:* El operador de inteligncia puede someter a la persona objetivo a sesiones prolongadas de adoctrinamiento, donde se le impone repetitivamente un conjunto de creencias y valores específicos. Estas sesiones pueden incluir discursos, lecturas, estudios y prácticas destinadas a reforzar la programación mental y emocional.

➤ *Prácticas de humillación y degradación:* El espia puede utilizar prácticas humillantes o degradantes para debilitar la autoestima y la confianza de la persona objetivo. Esto puede incluir insultos, castigos físicos o psicológicos, o prácticas que infrinjan su dignidad y autonomía personal.

➤ *Privación física o de sueño:* El agente puede imponer privaciones físicas o de sueño como parte de los rituales de coerción. Estas privaciones debilitan el estado físico y mental de la persona, haciéndola más vulnerable a la influencia y el control del manipulador.

➤ *Rituales de lealtad y sumisión:* Se pueden realizar rituales diseñados para reforzar la lealtad y sumisión a la autoridad del manipulador. Esto puede incluir juramentos, actos simbólicos o cualquier otra práctica destinada a reforzar la subordinación y la obediencia incondicional.

➤ *Condiciones de aislamiento:* El oficial de inteligencia puede imponer condiciones de aislamiento, separando a la persona objetivo de su entorno social y apoyo externo. Esto hace que dependa aún más del manipulador y disminuye las oportunidades de recibir perspectivas externas o apoyo crítico.

Estas prácticas de coerción buscan generar sumisión, obediencia y dependencia en la persona objetivo. Se aprovechan de su vulnerabilidad emocional y buscan debilitar su autonomía y capacidad de resistencia.

Despersonalización: Es una técnica utilizada en la manipulación y el control psicológico para reducir la identidad y autonomía de una persona objetivo. Consiste en socavar su sentido de individualidad, su autoestima y su capacidad de tomar decisiones independientes, haciendo que se sienta sin importancia y dependiente del manipulador.

Algunas formas en las que se puede llevar a cabo la despersonalización incluyen:

➢ *Desvalorización y menosprecio:* El operador de inteligencia puede menospreciar y desvalorizar constantemente a la persona objetivo, haciendo comentarios negativos sobre su apariencia, habilidades o capacidades. Esto mina su autoestima y hace que se sienta sin valor o sin importancia.

➢ *Desconexión emocional:* El oficial puede fomentar la desconexión emocional de la persona objetivo, evitando o invalidando sus emociones y sentimientos. Esto crea una sensación de falta de validez emocional y hace que la persona dependa del manipulador para su propia interpretación y comprensión emocional.

➢ *Control y toma de decisiones:* El manipulador puede tomar todas las decisiones importantes en lugar de la persona objetivo, dejándola sin capacidad de elección o control sobre su propia vida. Esto crea una sensación de impotencia y dependencia, disminuyendo su sentido de identidad y autonomía.

> *Imposición de roles y etiquetas:* El manipulador puede asignar roles y etiquetas a la persona objetivo que no reflejen su verdadera identidad y potencial. Esto limita su capacidad de desarrollarse y crecer como individuo y refuerza una imagen distorsionada de sí misma impuesta por el manipulador.

> *Difuminación de límites personales:* El operador puede invadir y difuminar los límites personales de la persona objetivo, invadiendo su espacio personal, violando su privacidad o estableciendo un control excesivo sobre sus acciones. Esto disminuye la sensación de identidad individual y refuerza una dependencia extrema del manipulador.

La despersonalización busca despojar a la persona objetivo de su identidad y autonomía, creando una sensación donde el blanco se siente insignificante y dependiente.

Manipulación del miedo y la esperanza: Es una técnica utilizada en la manipulación emocional para influir en las creencias y acciones de una persona objetivo. Se basa en aprovechar las emociones del miedo y la esperanza para obtener conformidad y control sobre la persona.

La manipulación del miedo implica generar o exacerbar temores en la persona objetivo. Esto se logra a través de la amplificación de peligros potenciales, la creación de escenarios catastróficos o la manipulación de información para resaltar amenazas o consecuencias negativas. El objetivo es generar ansiedad y preocupación en la persona, lo que puede llevarla a buscar protección o seguridad en el manipulador y seguir sus instrucciones para evitar o mitigar los temores.

Por otro lado, la manipulación de la esperanza se basa en presentar promesas o visiones positivas del futuro. El manipulador puede ofrecer esperanzas de éxito, felicidad o cumplimiento personal, utilizando estas promesas como incentivos para obtener la cooperación de la persona objetivo. La manipulación de la esperanza busca alimentar el deseo de una vida mejor o de alcanzar metas importantes, llevando a la persona a depender del manipulador para lograr esas aspiraciones.

Ambas técnicas, el miedo y la esperanza, pueden ser utilizadas de manera manipulativa para controlar el pensamiento y el comportamiento de una persona.

Es importante destacar que el control mental y el lavado de cerebro son prácticas altamente controvertidas y éticamente cuestionables. Estos términos se utilizan para describir procesos de manipulación psicológica extrema que pueden tener graves consecuencias para la salud mental y emocional de las personas involucradas.

Capítulo 3

Influencia y Persuasión

El arte de la influencia y la persuasión ha sido utilizado a lo largo de la historia para persuadir, convencer y motivar a las personas a tomar ciertas acciones o adoptar determinadas creencias. Desde los antiguos retóricos griegos hasta los expertos en marketing modernos, la comprensión de los mecanismos de influencia y persuasión ha sido clave para lograr resultados deseados en diferentes ámbitos de la vida.

En este capítulo, exploraremos en profundidad las estrategias y técnicas utilizadas para influir en los demás y persuadirlos a adoptar nuestra perspectiva o llevar a cabo acciones específicas. Examinaremos los pilares fundamentales de la persuasión, así como las tácticas y principios psicológicos que subyacen en el proceso.

Desde el poder de la comunicación persuasiva hasta la importancia de la empatía y la construcción de relaciones, descubriremos cómo los agentes de influencia han utilizado estas herramientas a lo largo del tiempo. También reflexionaremos sobre la responsabilidad ética asociada con la influencia y cómo podemos aplicar estas técnicas de manera ética en nuestras interacciones diarias.

En el intrigante mundo del espionaje y la inteligencia, la capacidad de influir y persuadir desempeña un papel fundamental. Los agentes de inteligencia y espías deben ser maestros en el arte de la persuasión para obtener información crucial, reclutar activos y manipular situaciones a su favor.

Influencia y reclutamiento de activos: Son procesos fundamentales para obtener información valiosa y establecer fuentes confiables. Los agentes de inteligencia deben dominar las técnicas de influencia y persuasión para reclutar y manejar activos de manera efectiva. A continuación, exploraremos algunas estrategias utilizadas en el proceso de influencia y reclutamiento de activos, variasw de ellas, ya las hemos explicado ampliamente en capítulos anteriores:

➤ *Establecimiento de rapport:* El primer paso es establecer una relación de confianza con el individuo objetivo. Los agentes utilizan habilidades de comunicación interpersonal para conectar emocionalmente, mostrar empatía y crear un ambiente propicio para la apertura y la colaboración.

➤ *Identificación de necesidades y motivaciones:* Es crucial comprender las necesidades y motivaciones del individuo objetivo. Los agentes realizan una investigación exhaustiva para descubrir qué incentivos podrían influir en su disposición para colaborar. Estas motivaciones pueden incluir factores económicos, políticos, emocionales o incluso de seguridad personal.

➢ *Reciprocidad:* La aplicación del principio de reciprocidad puede ser efectiva en el reclutamiento de activos. Los agentes ofrecen algo valioso al individuo objetivo, como protección, información privilegiada o incluso recursos financieros, a cambio de su colaboración y entrega de información.

➢ *Coherencia y compromiso:* Los agentes buscan que el individuo objetivo se comprometa con pequeños pasos que sean coherentes con la colaboración deseada. Estos compromisos iniciales, aunque pequeños, pueden conducir gradualmente a una mayor participación y suministro de información.

➢ *Creación de un sentido de propósito:* Los agentes presentan una narrativa convincente y un propósito claro que resuene con las necesidades y valores del individuo objetivo. Al mostrar cómo su colaboración contribuye a un objetivo mayor, se fomenta su sentido de importancia y propósito en la misión.

➢ *Manejo de riesgos y mitigación de miedos:* Es fundamental abordar los miedos y preocupaciones del individuo objetivo, especialmente en situaciones de alto riesgo. Los agentes deben demostrar una comprensión profunda de los riesgos asociados y ofrecer soluciones o medidas de seguridad para minimizar cualquier amenaza percibida.

➢ *Mantenimiento de la seguridad y el secreto:* Durante todo el proceso de reclutamiento, es esencial garantizar la seguridad y el secreto tanto del agente como del activo.

Los agentes deben establecer protocolos y medidas de protección para proteger la identidad y la información compartida, brindando confianza al individuo objetivo.

Es importante tener en cuenta que el reclutamiento de activos es una actividad compleja y delicada, y requiere una combinación de habilidades interpersonales, conocimiento estratégico y análisis psicológico.

Persuasión en la obtención de información: Los agentes de inteligencia utilizan diversas técnicas persuasivas para influir en individuos y obtener la información que necesitan. Estas son algunas estrategias comunes utilizadas en la persuasión para la obtención de información:

➢ *Establecimiento de confianza:* La confianza es fundamental para persuadir a los individuos a compartir información sensible. Los agentes se esfuerzan por establecer una relación de confianza con la persona objetivo, demostrando empatía, escucha activa y manteniendo la confidencialidad de la información compartida.

➢ *Creación de reciprocidad:* Los agentes pueden utilizar el principio de reciprocidad para persuadir a los individuos a compartir información valiosa. Pueden comenzar por proporcionar información útil o compartir recursos que generen un sentido de deuda y motive a la persona a corresponder compartiendo información a cambio.

➢ *Uso de la persuasión racional:* La presentación lógica y racional de argumentos puede ser efectiva para persuadir a las personas a proporcionar información.

Los agentes utilizan hechos, datos y evidencias para respaldar sus solicitudes y convencer a la persona objetivo de que compartir información es en su propio interés o en beneficio de una causa mayor.

➢ *Manipulación de la autoridad:* Los agentes pueden utilizar su posición de autoridad o asociarse con figuras de autoridad reconocidas para persuadir a los individuos a cooperar y proporcionar información. Esto puede incluir hacer referencia a la importancia de la seguridad nacional, la ley o la protección de los seres queridos para influir en la toma de decisiones de la persona objetivo.

➢ *Utilización de técnicas de influencia social:* Los agentes pueden aprovechar la presión social y el sentido de pertenencia para persuadir a los individuos a compartir información. Pueden presentar casos en los que otros han cooperado y señalar que la colaboración es una norma social aceptada en situaciones similares.

➢ *Creación de incentivos y recompensas:* Los agentes pueden ofrecer incentivos o recompensas atractivas para motivar a las personas a proporcionar información. Esto puede incluir beneficios económicos, protección, inmunidad o la promesa de satisfacer necesidades y deseos específicos.

➢ *Uso de la persuasión emocional:* La conexión emocional puede ser un poderoso motivador para persuadir a las personas a compartir información. Los agentes pueden apelar a las emociones de la persona objetivo, mostrando empatía, comprensión y preocupación genuina para establecer una conexión emocional y motivar la colaboración.

Es importante destacar que el uso de la persuasión en la obtención de información debe llevarse a cabo dentro de los límites legales y éticos.

Influencia en operaciones encubiertas: La influencia desempeña un papel fundamental en las operaciones encubiertas en el ámbito del espionaje y la inteligencia. En estas operaciones, los agentes deben utilizar técnicas de influencia persuasiva para infiltrarse en organizaciones hostiles, ganar la confianza de los objetivos y manipular eventos a su favor. A continuación, exploraremos cómo se aplica la influencia en las operaciones encubiertas:

➢ *Construcción de una identidad encubierta convincente:* Los agentes deben crear una identidad encubierta sólida y creíble que les permita mezclarse y operar en el entorno objetivo. Esto implica la adopción de una nueva identidad, incluyendo antecedentes, historias de vida y relaciones simuladas, para ganar la confianza de los individuos dentro de la organización objetivo.

➢ *Establecimiento de relaciones y redes de contacto:* La construcción de relaciones es esencial en las operaciones encubiertas. Los agentes deben utilizar técnicas de influencia interpersonal para establecer relaciones sólidas con individuos clave dentro de la organización objetivo. Esto implica el desarrollo de un rapport genuino, la identificación de intereses compartidos y la creación de un ambiente de camaradería que permita el acceso a información valiosa.

➢ *Uso estratégico de la persuasión y la manipulación:* Los agentes emplean técnicas persuasivas y manipulativas para influir en las decisiones y acciones de los individuos dentro de la organización objetivo. Esto puede incluir la utilización de principios de persuasión, como la reciprocidad, la autoridad y la escasez, para obtener información, obtener favores o manipular eventos en beneficio de la misión encubierta.

➢ *Creación y explotación de vulnerabilidades:* Los agentes buscan identificar las vulnerabilidades emocionales, financieras o profesionales de los individuos objetivo dentro de la organización. Utilizan esta información para manipular y ejercer influencia sobre ellos, ofreciendo soluciones o apoyo en áreas problemáticas y aprovechando estas vulnerabilidades para obtener información o colaboración.

➢ *Manejo de situaciones de alto riesgo:* En las operaciones encubiertas, los agentes pueden enfrentar situaciones de alto riesgo que requieren una habilidad particular para influir en el curso de los eventos. Utilizan la persuasión estratégica y tácticas de manipulación para influir en la toma de decisiones de los actores clave, desviar la atención o crear distracciones que favorezcan sus objetivos.

➢ *Adaptación a la cultura y el entorno objetivo:* Los agentes deben ser capaces de adaptarse y comprender la cultura, normas y dinámicas sociales del entorno objetivo. Esto les permite influir de manera más efectiva en las personas dentro de la organización y evitar levantar sospechas.

Prueba social: Es una técnica de influencia y persuasión que se basa en el principio de que las personas tienden a seguir el comportamiento de los demás en situaciones inciertas o ambiguas. Esta técnica se utiliza para persuadir a las personas mostrándoles pruebas de que otras personas están tomando la misma acción o compartiendo la misma creencia que se desea promover.

La idea subyacente es que, al ver que otros han adoptado una determinada conducta o creencia, las personas tienden a sentirse más seguras y confiadas para seguirla también. Esta técnica aprovecha nuestro instinto de pertenecer a un grupo y de buscar la aprobación social.

Para aplicar la prueba social, los agentes pueden utilizar diferentes enfoques. Algunas estrategias comunes incluyen:

➢ *Referencias de otros:* Los agentes pueden proporcionar referencias o testimonios de personas influyentes o respetadas que respalden la acción o creencia que desean promover. Estos testimonios pueden provenir de líderes de opinión, expertos en el campo o personas reconocidas dentro de la comunidad relevante.

➢ *Pruebas numéricas:* Los agentes pueden utilizar datos o estadísticas para resaltar el número de personas que ya han tomado la acción o adoptado la creencia deseada.

Esto crea la percepción de que es una práctica común y aceptada.

➤ *Uso de casos de éxito:* Los agentes pueden presentar ejemplos o casos de éxito de personas que han seguido la acción o creencia promovida y han obtenido resultados positivos. Estos casos de éxito pueden generar confianza y motivar a otros a seguir el mismo camino.

➤ *Visualización social:* Los agentes pueden utilizar imágenes, videos o testimonios visuales que muestren a personas disfrutando o beneficiándose de la acción o creencia promovida. Esto crea una sensación de inclusión y aumenta la probabilidad de que otros quieran unirse.

Es importante tener en cuenta que, si bien la prueba social puede ser una herramienta efectiva de persuasión, también puede llevar a comportamientos de imitación ciega o seguir la corriente sin un análisis crítico.

Compromiso gradual: Es una técnica de influencia y persuasión que se basa en el principio de que una vez que las personas han dado su consentimiento o compromiso inicial hacia algo, tienen una mayor probabilidad de seguir adelante con compromisos más grandes o demandas adicionales.

Esta técnica se utiliza para persuadir a las personas a aceptar una serie de pequeños compromisos, pasos o solicitudes que conducen gradualmente al resultado deseado. El objetivo es lograr que las personas se involucren de manera incremental, lo que aumenta la probabilidad de que sigan adelante con el compromiso final.

El proceso de compromiso gradual puede seguir varios pasos, como:

1 *Inicio con una solicitud pequeña:* El agente comienza presentando una solicitud o compromiso inicial pequeño que es fácil de aceptar y no representa una carga significativa para la persona objetivo. Esto puede ser algo simple, como responder a una pregunta o realizar una acción de bajo riesgo.

2 *Reforzamiento del compromiso:* Una vez que la persona ha aceptado y cumplido con el compromiso inicial, el agente refuerza y elogia su acción, destacando la coherencia entre su comportamiento y la creencia o valor deseado. Esto refuerza la identidad de la persona como alguien comprometido con la causa o acción en cuestión.

3 *Incremento gradual de las demandas:* Con cada paso sucesivo, el agente aumenta gradualmente las demandas o solicitudes. Cada compromiso adicional se construye sobre los compromisos previos, lo que hace que sea más difícil para la persona objetivo abandonar o contradecir su compromiso previo.

4 *Mantenimiento de la coherencia:* Durante todo el proceso, el agente enfatiza la coherencia y el sentido de identidad de la persona objetivo en relación con el compromiso previo. Se destaca cómo los pasos adicionales son una extensión

natural y lógica de su compromiso inicial, lo que aumenta la probabilidad de que continúen avanzando.

El compromiso gradual se basa en el principio de la consistencia cognitiva, que postula que las personas tienen una tendencia a actuar de manera coherente con sus creencias y compromisos previos. A medida que las personas se comprometen cada vez más, experimentan una presión interna para mantener esa coherencia y justificar sus acciones.

Escasez selectiva: Es una técnica de influencia y persuasión que se basa en el principio de que los objetos o recursos percibidos como escasos o difíciles de obtener son percibidos como más valiosos y deseables. Esta técnica se utiliza para persuadir a las personas al resaltar la exclusividad o falta de disponibilidad de algo.

La idea subyacente es que cuando las personas perciben que hay una cantidad limitada de algo o que pueden perder la oportunidad de obtenerlo en el futuro, experimentan un impulso emocional para adquirirlo de inmediato. Esto se debe a que la escasez crea una sensación de urgencia y aumenta el valor percibido del objeto o recurso en cuestión.

Para aplicar la escasez selectiva, se pueden utilizar diferentes estrategias, como:

➢ *Limitación de la oferta:* Los agentes pueden limitar la disponibilidad de un producto, servicio o información, estableciendo una cantidad fija o un plazo específico para obtenerlo. Esto crea la percepción de que es una oportunidad única y que, si no se actúa rápidamente, se perderá.

➤ *Exclusividad:* Los agentes pueden enfatizar que solo un grupo selecto de personas tiene acceso al objeto o recurso en cuestión. Esto puede ser a través de la creación de membresías exclusivas, invitaciones limitadas o la promoción de la idea de que solo los privilegiados pueden obtenerlo.

➤ *Testimonios de otros beneficiarios:* Los agentes pueden destacar los testimonios de personas que ya han obtenido el objeto o recurso y han experimentado beneficios significativos como resultado. Esto crea una sensación de exclusividad y muestra que solo aquellos que actúen de manera rápida podrán obtener los mismos beneficios.

➤ *Creación de competencia:* Los agentes pueden fomentar la competencia entre las personas para obtener el objeto o recurso escaso. Esto puede incluir la creación de una sensación de rivalidad o el establecimiento de requisitos o criterios para acceder a él, lo que genera un mayor deseo de obtenerlo.

➤ *Destacar atributos únicos:* Los agentes pueden resaltar características o aspectos únicos del objeto o recurso que lo hacen especial y valioso. Esto puede incluir su rareza, su calidad superior o sus beneficios exclusivos, lo que aumenta su atractivo y deseo de adquisición.

Contraste perceptual: Es una técnica de influencia y persuasión que se basa en cómo percibimos las cosas en relación con su contexto. Esta técnica se utiliza para influir en las percepciones y decisiones de las personas al presentar dos opciones o escenarios en rápida sucesión, uno de los cuales es menos favorable o menos deseable que el otro. Al comparar estas dos opciones, se crea un contraste que hace que la opción preferida parezca aún más atractiva en comparación.

El contraste perceptual se basa en el principio de que nuestras percepciones están influenciadas por la forma en que se presentan las opciones o la forma en que se estructura la información. Al resaltar la diferencia entre dos opciones, se resalta la superioridad de una de ellas, lo que aumenta su atractivo y la probabilidad de que sea elegida.

Algunas estrategias comunes utilizadas en el contraste perceptual incluyen:

➢ *Presentación secuencial:* Las opciones se presentan en rápida sucesión, una después de la otra, para que la comparación sea más evidente. Al ver las opciones una al lado de la otra, el contraste se vuelve más pronunciado y la opción preferida se destaca.

➢ *Enfatizar diferencias significativas:* Se resaltan las diferencias más relevantes y significativas entre las opciones, ya sea en términos de características, beneficios o precio. Esto ayuda a ampliar el contraste y enfocar la atención en las ventajas de la opción preferida.

➢ *Contextualización adecuada:* La forma en que se presenta la información y se enmarca el contraste es crucial. Al proporcionar un contexto que resalte la superioridad de la opción preferida, se refuerza aún más su atractivo. Esto puede incluir el uso de testimonios, comparaciones con otras alternativas menos deseables o enfatizar el valor único que ofrece.

➢ *Utilización de extremos:* Para ampliar el contraste, se puede presentar una opción que sea claramente menos favorable o menos deseable en comparación con la opción preferida. Esto ayuda a resaltar aún más las ventajas y beneficios de la opción preferida.

Es importante tener en cuenta que el contraste perceptual debe utilizarse de manera ética y responsable. No debe ser utilizado para engañar o manipular a las personas, sino como una estrategia legítima para resaltar las ventajas reales y mejorar la comprensión de las opciones disponibles.

Efecto de novedad: Es una técnica de influencia y persuasión que se basa en la tendencia humana a sentirse atraído por cosas nuevas, innovadoras o desconocidas. Esta técnica se utiliza para captar la atención y despertar el interés de las personas al presentar algo que se percibe como novedoso o diferente.

El efecto de novedad se basa en el principio de que nuestra atención tiende a centrarse en estímulos nuevos y emocionantes, ya que representan una desviación de la rutina o lo conocido. Al aprovechar este efecto, los agentes pueden influir en las percepciones y decisiones de las personas al presentar algo nuevo y destacado.

Algunas estrategias comunes utilizadas en el efecto de novedad incluyen:

➢ *Presentación de innovaciones:* Los agentes pueden presentar productos, servicios o ideas que sean innovadores y únicos. Esto puede incluir características novedosas, tecnologías avanzadas, enfoques revolucionarios o enfoques alternativos que generen un sentido de frescura y originalidad.

➢ *Utilización de elementos visuales y estéticos atractivos:* La presentación visual de algo nuevo y atractivo puede captar la atención y despertar el interés. Los agentes pueden utilizar un diseño atractivo, colores llamativos, imágenes impactantes o presentaciones visuales que resalten la novedad y la diferencia.

➢ *Introducción de nuevas tendencias o modas:* Los agentes pueden aprovechar las tendencias actuales y presentarlas como algo emocionante y de vanguardia. Al vincular lo novedoso con lo popular, se crea una sensación de relevancia y pertenencia que aumenta el atractivo.

➢ *Enfatizar los beneficios de la novedad:* Los agentes pueden resaltar los beneficios y ventajas de lo nuevo y desconocido. Esto puede incluir aspectos como mejoras en la eficiencia, la calidad, la comodidad o la satisfacción del usuario, lo que motiva a las personas a probarlo y experimentar los beneficios por sí mismas.

➢ *Exclusividad y disponibilidad limitada:* Al presentar algo nuevo como exclusivo o con disponibilidad limitada, se refuerza su valor percibido y se crea una sensación de urgencia para adquirirlo antes de que desaparezca. Esto puede generar un mayor interés y motivación para probar la novedad.

El uso del efecto de novedad debe ser genuino y respaldado por sustancia real. No debe utilizarse para crear expectativas engañosas o para presentar algo como nuevo cuando no lo es. La autenticidad y la transparencia son fundamentales para garantizar que el efecto de novedad se utilice de manera adecuada y arroje los resultados esperados.

Creación de urgencia: Es una técnica de influencia y persuasión que se utiliza para motivar a las personas a tomar medidas de inmediato. Se basa en la idea de que cuando percibimos que hay una necesidad o una oportunidad limitada que requiere una acción rápida, sentimos una presión emocional para actuar antes de que sea demasiado tarde.

Para aplicar la creación de urgencia, se pueden utilizar diferentes estrategias, como:

➢ *Escasez de tiempo:* Al establecer un plazo o una fecha límite para una oferta, promoción o oportunidad, se crea una sensación de urgencia temporal. La idea de que la oportunidad desaparecerá después de un tiempo determinado motiva a las personas a tomar medidas rápidas para aprovecharla.

➢ *Cantidad limitada:* Al resaltar que solo hay una cantidad limitada de productos o servicios disponibles, se crea una sensación de escasez. Esto puede generar un sentido de urgencia y competencia entre las personas para adquirir lo que queda antes de que se agote.

➢ *Ofertas exclusivas por tiempo limitado:* Al presentar ofertas especiales o descuentos que solo están disponibles durante un período específico, se genera una sensación de urgencia para aprovechar esa ventaja temporal. La idea de perder la oportunidad de obtener un beneficio adicional o un mejor trato puede impulsar a las personas a actuar rápidamente.

➢ *Eventos únicos:* Al promocionar eventos o situaciones únicas que no se repetirán en el futuro, se crea una sensación de urgencia para participar o estar presente. La idea de que esta es una oportunidad única y exclusiva motiva a las personas a tomar medidas rápidas para asegurar su participación.

➢ *Demostraciones limitadas o muestra de productos:* Al ofrecer demostraciones o muestras gratuitas de un producto o servicio por un tiempo limitado, se crea un sentido de urgencia para probarlo antes de que expire la oportunidad. Esto puede generar un mayor interés y motivación para actuar rápidamente.

Los operadores de inteligencia o agentes deben asegurarse que la urgencia sea genuina y que las limitaciones de tiempo o cantidad sean reales. Además, es esencial proporcionar información clara y precisa para que las personas puedan tomar decisiones informadas dentro del plazo establecido, esto incrementa las posibilidades de éxito en el desarrollo de una operación.

Uso de la credibilidad y testimonios: Es una técnica de influencia y persuasión que se basa en la idea de que las personas tienden a confiar en las fuentes creíbles y en las experiencias de otras personas. Esta técnica se utiliza para persuadir a las personas al presentar información respaldada por fuentes confiables o testimonios de personas que respaldan el mensaje o la acción que se desea promover.

La credibilidad se refiere a la confianza y la autoridad que una fuente o persona transmite a los demás. Al utilizar la credibilidad como técnica de persuasión, los agentes pueden influir en las percepciones y decisiones de las personas al presentar información respaldada por expertos, líderes de opinión o personas reconocidas en el campo relevante.

Los testimonios son declaraciones o experiencias de personas que han tenido resultados positivos o beneficios al seguir la acción o creencia promovida. Los testimonios funcionan como pruebas sociales que respaldan la validez y eficacia de lo que se está promoviendo, generando confianza y credibilidad adicional.

Algunas estrategias comunes utilizadas en el uso de la credibilidad y testimonios incluyen:

➢ *Expertos y autoridades reconocidas:* Los agentes pueden utilizar la experiencia y el reconocimiento de expertos en el campo para respaldar la acción o creencia que se promueve. Esto puede incluir citar a expertos, utilizar citas de líderes de opinión o mostrar logotipos de organizaciones reconocidas que respaldan la información o el producto.

> *Testimonios de "clientes" satisfechos:* Los agentes pueden utilizar testimonios de personas reales que han tenido experiencias positivas al seguir la acción o creencia promovida. Estos testimonios pueden incluir historias de éxito, opiniones positivas o reseñas de clientes satisfechos que respaldan la validez y efectividad de lo que se está promoviendo.

Pruebas científicas o estudios de investigación: Los agentes pueden presentar pruebas científicas o estudios de investigación que respalden la acción o creencia promovida. Esto puede incluir resultados de investigaciones científicas, estudios clínicos o datos estadísticos que respalden la eficacia y los beneficios de lo que se está promoviendo.

> *Reconocimiento de autoridades o premios:* Si una acción o creencia ha sido reconocida o premiada por autoridades o instituciones confiables, los agentes pueden utilizar ese reconocimiento como respaldo de su validez. Esto puede incluir menciones de premios, certificaciones o reconocimientos de organizaciones reconocidas en el campo.

Siempre se debe utilizar la credibilidad y los testimonios de manera ética y responsable. Los agentes deben asegurarse de que la información presentada sea precisa y verificable. Además, se debe evitar el uso de testimonios falsos o manipulados, ya que esto puede erosionar la confianza y afectar la integridad de la técnica de influencia sobre una posible fuente o en su defeto, el fallido resultado de una operación de inteligencia.

Es importante destacar que la influencia en las operaciones encubiertas debe llevarse a cabo dentro de los límites legales y éticos, como oficiales de inteligencia no se debe afectar mas que lo estrictamente necesario y minimizando los daños que puedan llegar a efectuarse en desarrollo de una operación

Capítulo 4

Interrogatorio y Extracción de Información

En el mundo del espionaje y la inteligencia, el acceso a información valiosa y estratégica es crucial para el éxito de las operaciones. En este capítulo, exploraremos una faceta esencial de este campo: el interrogatorio y la extracción de información. Estas técnicas desempeñan un papel fundamental en la obtención de datos importantes para en desarrollo de una misión.

El interrogatorio y la extracción de información son procesos diseñados para obtener datos confidenciales y relevantes de personas que poseen conocimientos vitales. En este capítulo, analizaremos las estrategias, técnicas y consideraciones éticas involucradas en estos métodos.

Desde las tácticas de entrevista y la gestión de la comunicación, hasta el análisis del lenguaje corporal y la influencia psicológica, exploraremos las herramientas que los profesionales de inteligencia utilizan para obtener información valiosa en situaciones desafiantes y de alto riesgo.

Interrogatorio: En el ámbito de la inteligencia, el interrogatorio se refiere al proceso de obtener información estratégica y valiosa de individuos relevantes para una operación. Se utiliza como una herramienta para recopilar datos de inteligencia, confirmar o refutar sospechas, identificar colaboradores o desmantelar organizaciones enemigas.

El interrogatorio en el ámbito de la inteligencia difiere del interrogatorio judicial en varios aspectos. Mientras que el judicial tiene como objetivo principal recopilar pruebas para un proceso legal y determinar la culpabilidad o inocencia de una persona, el interrogatorio de inteligencia se enfoca en obtener información para respaldar la toma de decisiones estratégicas.

En el interrogatorio de inteligencia, la información obtenida puede ser utilizada para evaluar amenazas, planificar operaciones encubiertas, identificar vulnerabilidades o incluso prevenir ataques. El objetivo no es condenar a una persona en un tribunal, sino adquirir datos que sean relevantes y útiles para el campo de la inteligencia.

Otra diferencia clave radica en las regulaciones y restricciones legales. Mientras que el interrogatorio judicial debe cumplir con las normas y derechos legales establecidos, el interrogatorio de inteligencia puede operar dentro de un marco legal y ético más flexible, especialmente cuando se trata de obtener información de fuentes consideradas hostiles o enemigas.

Es importante destacar que, aunque el interrogatorio de inteligencia puede tener una mayor flexibilidad en términos de técnicas y enfoques utilizados, siempre debe respetar los límites éticos y no debe recurrir a la tortura o a la violación de los derechos humanos. La integridad y la ética siguen siendo fundamentales para garantizar que la información obtenida sea precisa, confiable y útil para el propósito de la inteligencia.

Técnicas de Psicología Oscura en el Interrogatorio: En el interrogatorio, se pueden emplear ciertas técnicas de psicología oscura para influir en el interrogado y obtener información valiosa. Estas técnicas están diseñadas para aprovechar los aspectos psicológicos y emocionales de las personas, a menudo utilizando estrategias de manipulación sutil. Varias de las técnicas que usualmente se utilizan ya las hemos explcado en capítulos anteriores, entre ellas, la manipulación emocional y creación de dependencia, sin embargo, hay algunas adicionales:

Juego de roles: Es una técnica de psicología oscura que se puede utilizar en el interrogatorio para desorientar y manipular al interrogado. Consiste en que el interrogador asuma diferentes roles durante el proceso de interrogatorio, cambiando su comportamiento, tono de voz y actitud de manera estratégica.

El objetivo principal del juego de roles es confundir al interrogado y debilitar su resistencia emocional y mental. Al alternar entre diferentes roles, como el "buen policía" y el "malo policía", el interrogador busca generar un ambiente de incertidumbre y aumentar la vulnerabilidad del interrogado.

Cuando el interrogador asume el papel del "buen policía", adopta una actitud amigable, comprensiva y colaborativa. Busca generar confianza y empatía en el interrogado, mostrando interés en su bienestar y ofreciendo ayuda o apoyo emocional. Este enfoque puede hacer que el interrogado se sienta más inclinado a cooperar y revelar información.

Por otro lado, cuando el interrogador asume el papel del "malo policía", adopta una actitud más autoritaria, confrontacional o intimidante. Puede utilizar tácticas como el tono de voz agresivo, el contacto visual intenso y las amenazas sutiles para generar miedo y estrés en el interrogado. El objetivo es desestabilizar su confianza y hacer que se sienta más propenso a ceder y revelar información para evitar consecuencias negativas.

El juego de roles se utiliza estratégicamente para crear un sentido de confusión en el interrogado y hacerle creer que el interrogador tiene el control de la situación. Esto puede afectar su capacidad para ocultar información o resistirse al interrogatorio, ya que no sabe qué esperar a continuación.

Creación de un ambiente intimidante: Es una técnica utilizada en el interrogatorio para generar un sentimiento de temor y presión en el interrogado. El objetivo es influir en su comportamiento y obtener información valiosa mediante la utilización de estrategias que generen un ambiente opresivo y amenazante.

Algunas formas de crear un ambiente intimidante durante el interrogatorio incluyen:

> *Tonos de voz y lenguaje agresivos:* El interrogador puede adoptar un tono de voz firme, agresivo o confrontacional para transmitir autoridad y generar un impacto emocional en el interrogado. El uso de lenguaje

fuerte y directo también puede aumentar la sensación de intimidación.

➢ *Contacto visual intenso:* Mantener un contacto visual intenso y prolongado puede transmitir una sensación de dominio y control por parte del interrogador. Esto puede hacer que el interrogado se sienta observado y vulnerable, aumentando su incomodidad y su disposición a ceder información.

➢ *Uso de gestos y posturas amenazantes:* El interrogador puede utilizar gestos agresivos, como puños cerrados, movimientos bruscos o posturas corporales dominantes, para crear una presencia intimidante. Estos gestos y posturas pueden provocar una reacción de miedo y sumisión en el interrogado.

➢ *Entorno físico opresivo:* El entorno físico del interrogatorio también puede influir en la creación de un ambiente intimidante. Un lugar austero, sin ventanas, mal iluminado o con mobiliario imponente puede contribuir a generar una sensación de opresión y aumentar la tensión emocional del interrogado.

La creación de un ambiente intimidante debe estar dentro de los límites legales y éticos. Si bien el objetivo es generar presión emocional en el interrogado, debe evitarse cualquier forma de abuso físico

Uso de la confusión y contradicción: Es una técnica empleada en el interrogatorio para desestabilizar al interrogado y dificultar su capacidad de ocultar información. Se basa en generar una sensación de incertidumbre y conflicto en la mente del interrogado, lo que puede llevarlo a cometer errores o revelar información involuntariamente.

Algunas estrategias comunes para crear confusión y contradicción durante el interrogatorio incluyen:

> *Preguntas confusas o ambiguas:* El interrogador puede formular preguntas deliberadamente confusas o ambiguas para que el interrogado no comprenda completamente lo que se le está preguntando. Esto puede llevarlo a dar respuestas incoherentes o poco claras, revelando información sin darse cuenta.

> *Cambios de tema repentinos:* El interrogador puede cambiar abruptamente el tema de la conversación sin previo aviso, interrumpiendo el flujo de pensamiento del interrogado. Esto puede dificultar la capacidad del interrogado para mantener una narrativa coherente y aumentar la probabilidad de que se revele información de manera desorganizada.

> *Presentación de información contradictoria:* El interrogador puede proporcionar al interrogado información que pueda contradecir lo que se le ha dicho anteriormente o que entre en conflicto con lo que el interrogado cree ser verdad. Esto puede generar confusión y hacer que el interrogado se cuestione su propia versión de los hechos, lo que puede llevarlo a revelar información adicional para tratar de aclarar la situación.

➤ *Repetición de preguntas de manera diferente:* El interrogador puede repetir una pregunta de diferentes maneras o utilizar ligeras variaciones en el lenguaje para confundir al interrogado. Esto puede hacer que el interrogado se sienta presionado para dar una respuesta rápida o inconsistente, lo que puede revelar información importante en su relato.

El objetivo principal de la confusión y contradicción en el interrogatorio es debilitar la capacidad de resistencia del interrogado y facilitar la obtención de información valiosa.

Desgaste emocional: Es una técnica utilizada en el interrogatorio para someter al interrogado a un constante estrés y presión emocional. El objetivo es agotar su resistencia emocional y debilitar su capacidad para resistirse o ocultar información.

Esta técnica implica someter al interrogado a largas sesiones de interrogatorio, prolongando deliberadamente la duración de las sesiones. También puede incluir la privación de sueño, la interrupción constante, cambios repentinos en el ambiente o incluso el uso de tácticas intimidantes. Todo esto contribuye a crear un ambiente de tensión y agotamiento emocional para el interrogado.

El desgaste emocional puede tener varios efectos en el interrogado. Por un lado, el cansancio físico y emocional puede afectar su capacidad de concentración y razonamiento, lo que puede llevarlo a cometer errores o a ser menos cauteloso al revelar información. Además, la presión constante puede generar ansiedad, miedo y confusión en el interrogado, lo que puede aumentar su disposición a cooperar y revelar información para aliviar su malestar emocional.

Es fundamental tener en cuenta que la información obtenida bajo condiciones de desgaste emocional debe ser cuidadosamente evaluada y corroborada, ya que la vulnerabilidad emocional del interrogado puede afectar la veracidad de sus respuestas.

Distracción y sobreestimulación: Son técnicas utilizadas en el interrogatorio para desorientar y dificultar la capacidad del interrogado para concentrarse y ocultar información. Estas técnicas se basan en sobrecargar su capacidad de procesamiento de información y distraer su atención, lo que puede hacer que sea más propenso a cometer errores o revelar información involuntariamente.

La distracción y sobreestimulación se pueden lograr mediante diversas estrategias, como:

> *Interrupción constante:* Durante el interrogatorio, el interrogador puede interrumpir repetidamente al interrogado, ya sea cambiando de tema, haciendo preguntas rápidas o interjectando comentarios. Esta interrupción constante dificulta que el interrogado mantenga un pensamiento coherente y puede hacer que se sienta abrumado.

> *Cambios abruptos de tema:* El interrogador puede cambiar rápidamente de un tema a otro, sin seguir una secuencia lógica. Esta falta de continuidad puede confundir al

interrogado y dificultar su capacidad para mantener su narrativa coherente.

➢ *Entornos ruidosos o desordenados:* El interrogador puede crear un ambiente físico que sea ruidoso, caótico o incómodo para el interrogado. Esto puede dificultar su capacidad para concentrarse y pensar con claridad, lo que puede llevar a respuestas más impulsivas o revelaciones no deseadas.

➢ *Utilización de múltiples estímulos:* El interrogador puede utilizar diferentes estímulos simultáneamente, como mostrar imágenes, reproducir sonidos o hacer preguntas rápidas y sucesivas. Esta sobreestimulación sensorial puede sobrecargar la capacidad del interrogado para procesar la información de manera efectiva y puede hacerlo más propenso a cometer errores o dar respuestas contradictorias.

La distracción y sobreestimulación se utilizan para dificultar el pensamiento claro y coherente del interrogado, haciéndolo más vulnerable y propenso a cometer errores o revelar información involuntariamente.

Manipulación relacional: es una técnica empleada en el interrogatorio para influir en el interrogado a través de las relaciones personales que tiene o valora. Esta técnica se basa en aprovechar los vínculos emocionales y la conexión que el interrogado tiene con otras personas, como familiares, amigos o seres queridos, con el fin de obtener información o lograr su cooperación.

Algunas estrategias comunes utilizadas en la manipulación relacional durante el interrogatorio incluyen:

➢ *Mención de personas importantes:* El interrogador puede hacer referencia a personas significativas en la vida del interrogado, ya sea mencionando a sus seres queridos o recordando eventos o situaciones en las que estas personas estuvieron involucradas. Esto se hace para evocar emociones y generar un sentido de responsabilidad hacia esas personas, lo que puede motivar al interrogado a revelar información o cooperar para protegerlas.

➢ *Amenazas o insinuaciones veladas:* El interrogador puede hacer alusiones sutiles a posibles consecuencias negativas que podrían afectar a las personas importantes en la vida del interrogado. Estas amenazas o insinuaciones pueden generar un sentido de temor o culpa en el interrogado, lo que puede llevarlo a ceder información para evitar daños a sus relaciones personales.

➢ *Promesa de protección o ayuda:* El interrogador puede ofrecer protección o ayuda al interrogado o a las personas importantes en su vida como una forma de persuasión. Esto puede crear un sentido de gratitud o lealtad en el interrogado, aumentando su disposición a colaborar y proporcionar información valiosa.

➢ *Establecimiento de una conexión emocional:* El interrogador puede intentar establecer una conexión emocional con el interrogado, demostrando comprensión, empatía o simpatía hacia sus experiencias o sentimientos. Esto puede generar confianza y abrir una puerta para que el interrogado se sienta más inclinado a compartir información de manera voluntaria.

Recuerda que el uso de estas técnicas debe ser cuidadoso y estar en línea con los límites éticos y legales. La integridad y el respeto por los derechos de las personas involucradas deben ser siempre prioritarios en el proceso de interrogatorio.

Análisis del Lenguaje en el Interrogatorio: Es una técnica utilizada para comprender y extraer información valiosa a través del estudio detallado del lenguaje verbal y no verbal del interrogado. Se busca identificar patrones, inconsistencias, señales de engaño y otras pistas que puedan revelar la veracidad o falsedad de las respuestas del interrogado.

Algunos aspectos clave del análisis del lenguaje en el interrogatorio incluyen:

Verbalización: Es un aspecto clave del análisis del lenguaje en el interrogatorio. Consiste en prestar atención a las palabras utilizadas por el interrogado, la elección del vocabulario, la forma en que estructura las frases y su fluidez verbal. El objetivo es identificar patrones, inconsistencias y otros indicios que puedan revelar la veracidad o falsedad de las respuestas.

Al analizar la verbalización, se pueden tener en cuenta varios aspectos:

➤ *Elección del vocabulario:* Se observa el tipo de palabras utilizadas por el interrogado. Por ejemplo, si utiliza un lenguaje técnico o específico relacionado con el tema en cuestión, puede indicar conocimiento y familiaridad. Por otro lado, si utiliza un lenguaje vago o generalizado, podría ser una señal de falta de experiencia o intentos de ocultar información.

➤ *Estructura de las frases:* Se presta atención a cómo el interrogado organiza sus frases y cómo presenta la información. Si las respuestas son coherentes y bien estructuradas, es posible que el interrogado esté proporcionando información verídica. Sin embargo, si hay cambios bruscos en la estructura o falta de coherencia en la forma de presentar los hechos, podría indicar que el interrogado está inventando o manipulando la información.

➤ *Niveles de detalle:* Se analiza el nivel de detalle proporcionado por el interrogado en sus respuestas. Las respuestas vagas o evasivas pueden ser una señal de que el interrogado está ocultando información o tratando de evitar dar una respuesta directa. Por otro lado, respuestas detalladas y específicas pueden indicar una mayor veracidad y conocimiento del tema.

➤ *Respuestas inmediatas:* Se presta atención a la rapidez con la que el interrogado responde a las preguntas. Si las respuestas son rápidas e inmediatas, sin mostrar señales de pensamiento o consideración, puede indicar que el interrogado ha preparado previamente las respuestas o está ofreciendo información inventada. Por el contrario, respuestas que requieren tiempo de reflexión pueden ser más indicativas de sinceridad y pensamiento genuino.

Es importante tener en cuenta que la verbalización debe ser evaluada en conjunto con otros elementos de análisis del lenguaje y evidencia. Además, las interpretaciones de la verbalización deben realizarse con precaución, ya que pueden variar según la persona y el contexto cultural.

Tiempos verbales: Es una parte importante del análisis del lenguaje en el interrogatorio. Los tiempos verbales utilizados por el interrogado pueden proporcionar indicios sobre la veracidad de sus respuestas y su relación con el tiempo real de los eventos o situaciones discutidas.

Al analizar los tiempos verbales, se pueden tener en cuenta los siguientes aspectos:

➢ *Uso del presente:* El uso del presente indica que el interrogado está hablando de eventos o situaciones actuales, como si estuvieran sucediendo en el momento presente. Esto puede ser una señal de que el interrogado está proporcionando información verídica y actual.

➢ *Uso del pasado:* El uso del pasado indica que el interrogado está hablando de eventos o situaciones que ocurrieron en el pasado. Si el uso del pasado es coherente y consistente en las respuestas del interrogado, puede indicar veracidad y consistencia en su relato.

➤ *Cambios repentinos de tiempos verbales:* Los cambios bruscos de tiempos verbales en las respuestas del interrogado pueden ser una señal de inconsistencia o confusión. Por ejemplo, si el interrogado está describiendo un evento en pasado y de repente cambia al presente, podría indicar una falsedad o intento de manipulación.

➤ *Uso excesivo de tiempos futuros o condicionales:* El uso excesivo de tiempos verbales futuros o condicionales, como "podría", "habría" o "va a", en lugar de hablar de eventos concretos y reales, puede indicar una falta de compromiso con la veracidad de la información proporcionada.

Es importante tener en cuenta que el análisis de los tiempos verbales debe ser evaluado en conjunto con otros elementos de análisis del lenguaje y evidencia. El contexto de las preguntas y respuestas, así como la consistencia global en el relato del interrogado, también son factores a considerar.

Uso de muletillas o pausas: El uso de muletillas o pausas durante el interrogatorio puede proporcionar pistas sobre el estado emocional, la confianza y la veracidad del interrogado. Las muletillas son palabras o frases repetitivas que se utilizan de manera involuntaria, mientras que las pausas son interrupciones en el flujo verbal. Ambos pueden revelar ciertos aspectos del comportamiento del interrogado.

Al analizar las muletillas y pausas, se pueden tener en cuenta los siguientes aspectos:

➢ *Muletillas:* Las muletillas pueden indicar nerviosismo, inseguridad o falta de confianza en lo que se está comunicando. Por ejemplo, el uso frecuente de palabras como "eh", "bueno", "este", "¿sabes?" puede revelar una cierta tensión emocional o falta de seguridad en las respuestas. Sin embargo, es importante tener en cuenta que el uso ocasional de muletillas puede ser normal en situaciones de estrés o presión.

➢ *Pausas prolongadas:* Las pausas largas antes de responder una pregunta pueden sugerir que el interrogado está pensando cuidadosamente o intentando formular una respuesta que sea más conveniente o engañosa. Sin embargo, también es posible que las pausas se deban a la necesidad de recordar detalles específicos o simplemente a una forma de procesar la información antes de responder.

Es importante considerar el contexto y tener en cuenta que el uso de muletillas o pausas no debe considerarse como una prueba definitiva de engaño o falta de veracidad. Estos aspectos del lenguaje pueden ser influenciados por múltiples factores, como la personalidad del interrogado, el nivel de estrés, la falta de familiaridad con el entorno del interrogatorio, entre otros.

Por lo tanto, es fundamental combinar el análisis de las muletillas y pausas con otros elementos de análisis del lenguaje y evidencia para obtener una evaluación más completa de la situación. También es importante tener en cuenta que el interrogador debe actuar con objetividad y evitar interpretaciones apresuradas o sesgadas basadas únicamente en las muletillas o pausas del interrogado.

Lenguaje no verbal: Desempeña un papel crucial en el análisis del comportamiento durante el interrogatorio. Consiste en las expresiones faciales, gestos, posturas corporales, movimientos oculares y otras señales no verbales que pueden revelar emociones, intenciones y niveles de confort o incomodidad del interrogado.

Al analizar el lenguaje no verbal durante el interrogatorio, se pueden tener en cuenta los siguientes aspectos:

➤ *Expresiones faciales:* Las expresiones faciales pueden revelar emociones genuinas o falsas. Por ejemplo, una sonrisa forzada, una mirada evasiva o el fruncimiento del ceño pueden indicar incomodidad, nerviosismo o deshonestidad. Las microexpresiones, que son expresiones faciales muy breves y espontáneas, también pueden proporcionar indicios sobre las verdaderas emociones del interrogado.

➤ *Gestos y movimientos corporales:* Los gestos y movimientos corporales pueden complementar o contradecir las palabras del interrogado. Por ejemplo, cruzarse de brazos puede indicar una actitud defensiva o cerrada, mientras que los gestos abiertos y expansivos pueden denotar confianza y apertura. Además, el aumento de la inquietud, los movimientos repetitivos o el tamborileo de los dedos pueden ser signos de ansiedad o nerviosismo.

➤ *Postura corporal:* La postura corporal del interrogado puede proporcionar indicios sobre su nivel de confort o incomodidad. Una postura relajada y erguida puede indicar una actitud de confianza, mientras que encorvarse o encogerse puede sugerir una sensación de inseguridad o sumisión.

➤ *Movimientos oculares:* Los movimientos oculares pueden revelar el procesamiento de información y las respuestas emocionales del interrogado. Por ejemplo, desviar la mirada o evitar el contacto visual directo puede ser un signo de evasión o falta de sinceridad. Observar un objeto específico o mantener una mirada fija puede indicar un intento de concentración o evitación de la comunicación directa.

Es importante destacar que el lenguaje no verbal debe interpretarse en conjunto con otros elementos de análisis del lenguaje y evidencia para obtener una evaluación más precisa. Además, es fundamental tener en cuenta las diferencias culturales y personales en la interpretación del lenguaje no verbal, ya que las expresiones y gestos pueden variar significativamente según la cultura y la persona.

El interrogador debe ser consciente de su propio lenguaje no verbal y evitar influir intencionalmente en el interrogado a través de gestos o expresiones que puedan sesgar la comunicación.

Técnicas de Interrogatorio Utilizadas por las Fuerzas del Orden: Las fuerzas del orden utilizan una variedad de técnicas de interrogatorio para obtener información valiosa durante las investigaciones. Estas técnicas se basan en la recopilación de información, la creación de un ambiente propicio para la cooperación y la obtención de confesiones o detalles precisos relacionados con un delito o incidente. A continuación, se presentan algunas técnicas comúnmente utilizadas por las fuerzas del orden:

➢ *Entrevista estructurada:* Es una técnica que se basa en realizar preguntas específicas y predefinidas para obtener información precisa y detallada. Las preguntas se formulan de manera lógica y secuencial, lo que permite a los interrogadores seguir un flujo coherente y obtener información relevante para la investigación.

➢ *Técnica de confrontación:* Se utiliza para confrontar al interrogado con pruebas o evidencias que sugieren su implicación en un delito. Esta técnica busca generar un sentimiento de presión y aumentar la probabilidad de que el interrogado revele información adicional o confiese su participación.

➢ *Técnica del silencio:* Consiste en utilizar pausas prolongadas y mantener un silencio incómodo durante el interrogatorio. Esta técnica puede generar incomodidad en el interrogado y motivarlo a llenar el vacío de información hablando o revelando detalles adicionales.

➢ *Técnica de minimización o maximización*: Esta técnica implica minimizar la gravedad de los actos cometidos por el interrogado o maximizar las consecuencias negativas que enfrentará si no coopera. El objetivo es influir en su percepción de riesgo y recompensa, con el fin de obtener información o una confesión más rápidamente.

➢ *Técnica de preguntas abiertas y cerradas*: Las preguntas abiertas permiten respuestas más detalladas y completas, mientras que las preguntas cerradas se responden con "sí" o "no". Las fuerzas del orden pueden utilizar ambas técnicas estratégicamente para obtener información específica o ampliar detalles sobre un incidente o una situación.

➢ Técnica de repetición: Consiste en repetir preguntas clave en diferentes momentos durante el interrogatorio. Esto puede ayudar a detectar inconsistencias en las respuestas del interrogado y resaltar áreas que requieren una mayor investigación o aclaración.

Es importante destacar que las técnicas de interrogatorio deben utilizarse de manera ética y respetando los derechos del interrogado.

Capítulo 5

Análisis del Comportamiento y Perfiles Psicológicos

El análisis del comportamiento y los perfiles psicológicos desempeñan un papel crucial en el ámbito de la inteligencia y el espionaje. Comprender las motivaciones, personalidades y comportamientos de las personas objetivo puede brindar información valiosa para la toma de decisiones estratégicas y operativas. En este capítulo, exploraremos las técnicas y metodologías utilizadas en el análisis del comportamiento y la creación de perfiles psicológicos en el contexto de la inteligencia.

El análisis del comportamiento se enfoca en el estudio sistemático de las acciones, actitudes y patrones de comportamiento de las personas. A través de este análisis, los profesionales de inteligencia buscan identificar los impulsos subyacentes, las intenciones ocultas y las reacciones previsibles de los individuos. Por otro lado, los perfiles psicológicos se centran en la compilación de características psicológicas y comportamentales específicas para construir un perfil detallado de una persona o grupo de interés.

En este capítulo, exploraremos diversas metodologías de análisis del comportamiento, como la observación directa, el estudio de patrones de comportamiento, el análisis de registros y documentos y el uso de técnicas de entrevista y evaluación psicológica. Además, examinaremos cómo se utilizan los perfiles psicológicos para identificar características comunes, motivaciones y vulnerabilidades en los individuos objetivo.

Fundamentos del análisis del comportamiento

Los fundamentos del análisis del comportamiento se centran en comprender y estudiar las acciones, actitudes y patrones de comportamiento de las personas. Esta disciplina se basa en la premisa de que el comportamiento humano es influenciado por una combinación de factores internos y externos y que, mediante el análisis detallado de estos elementos, se pueden obtener información valiosa sobre las motivaciones, intenciones y reacciones previsibles de los individuos.

En el contexto de la inteligencia y el espionaje, el análisis del comportamiento desempeña un papel crucial. Permite a los profesionales de inteligencia examinar de cerca los comportamientos individuales y colectivos para identificar patrones, tendencias y posibles amenazas. Al comprender el comportamiento de las personas objetivo, es posible predecir y anticipar sus movimientos, intenciones y decisiones futuras.

Algunos de los fundamentos clave del análisis del comportamiento incluyen:

Observación sistemática: El análisis del comportamiento implica una observación sistemática y detallada de las acciones y reacciones de las personas. Esto implica observar tanto el comportamiento verbal como no verbal, incluyendo expresiones faciales, lenguaje corporal, tono de voz y elección de palabras.

Estudio de motivaciones y necesidades: Se considera que el comportamiento humano está impulsado por una variedad de motivaciones y necesidades, como el deseo de seguridad, reconocimiento, poder, pertenencia o logro. El análisis del comportamiento se centra en comprender estas motivaciones subyacentes para identificar las fuerzas que impulsan las acciones de una persona.

Evaluación del contexto: El análisis del comportamiento tiene en cuenta el contexto en el que se produce un determinado comportamiento. Esto incluye factores ambientales, sociales, culturales y situacionales que pueden influir en las acciones de una persona. El contexto proporciona información adicional para comprender y evaluar el significado del comportamiento observado.

Identificación de patrones y consistencias: El análisis del comportamiento busca identificar patrones y consistencias en el comportamiento de una persona a lo largo del tiempo. Esto implica analizar la frecuencia, duración y secuencia de los comportamientos para descubrir tendencias y regularidades que pueden tener implicaciones significativas.

Uso de modelos teóricos: El análisis del comportamiento se apoya en diversos modelos teóricos y enfoques psicológicos para comprender y explicar el comportamiento humano. Estos modelos proporcionan marcos conceptuales y herramientas de análisis que permiten interpretar y predecir el comportamiento de manera más precisa.

Al comprender los fundamentos del análisis del comportamiento, los profesionales de inteligencia pueden obtener una visión más profunda de las personas objetivo y su potencial impacto en la seguridad y los intereses nacionales. El análisis del comportamiento proporciona una base sólida para tomar decisiones informadas y estratégicas en el ámbito de la inteligencia y el espionaje.

Definición y objetivos del análisis del comportamiento

El análisis del comportamiento se define como el proceso sistemático de estudio y comprensión de las acciones, actitudes y patrones de comportamiento de las personas. Su objetivo principal es obtener información valiosa sobre las motivaciones, intenciones y reacciones previsibles de los individuos, con el fin de tomar decisiones estratégicas y operativas informadas.

La principal meta del análisis del comportamiento es identificar y comprender las conductas y acciones de las personas, y utilizar esa información para predecir y anticipar su comportamiento futuro. Al comprender los factores que influyen en el comportamiento humano, los analistas pueden evaluar los riesgos, oportunidades y amenazas potenciales en diversas situaciones.

Algunos de los objetivos específicos del análisis del comportamiento son:

Identificar patrones y tendencias: El análisis del comportamiento busca identificar patrones consistentes en la conducta de una persona o grupo de interés. Esto implica examinar acciones pasadas y presentes para predecir comportamientos futuros y evaluar la probabilidad de que ciertos patrones se repitan.

Evaluar la credibilidad y la confiabilidad: El análisis del comportamiento busca evaluar la credibilidad y la confiabilidad de las declaraciones y acciones de una persona. A través de la observación y el análisis de comportamientos verbales y no verbales, los analistas pueden determinar si una persona está siendo sincera o si hay indicios de engaño.

Identificar motivaciones y necesidades: El análisis del comportamiento se centra en comprender las motivaciones y necesidades subyacentes que impulsan el comportamiento humano. Esto permite comprender las fuerzas impulsoras detrás de las acciones de una persona y evaluar sus intenciones y prioridades.

Evaluar el riesgo y la amenaza: Mediante el análisis del comportamiento, los analistas pueden evaluar el riesgo y la amenaza potencial que una persona o grupo representa para la seguridad y los intereses. Esto implica identificar señales de comportamiento preocupantes, como indicadores de radicalización, tendencias violentas o intenciones perjudiciales.

Apoyar la toma de decisiones estratégicas y operativas: El análisis del comportamiento proporciona información valiosa para la toma de decisiones en diversos contextos. Puede ayudar a los responsables de la toma de decisiones a evaluar la viabilidad y el impacto de ciertas acciones, a anticipar posibles escenarios y a desarrollar estrategias efectivas para mitigar riesgos y aprovechar oportunidades.

En resumen, el análisis del comportamiento busca comprender el comportamiento humano para obtener información valiosa que pueda guiar la toma de decisiones en el ámbito de la inteligencia y el espionaje. Al identificar patrones, evaluar motivaciones y predecir comportamientos futuros, se puede lograr una comprensión más completa de las personas objetivo y sus implicaciones en la seguridad y los intereses nacionales.

Metodologías de análisis del comportamiento

Existen varias metodologías utilizadas en el análisis del comportamiento para comprender y evaluar las acciones, actitudes y patrones de comportamiento de las personas. Estas metodologías proporcionan marcos de referencia y herramientas para recopilar y analizar información relevante. A continuación, se presentan algunas de las metodologías más comunes utilizadas en el análisis del comportamiento:

Observación directa: Implica la observación sistemática y detallada de las acciones y comportamientos de las personas en tiempo real. Los analistas observan tanto el comportamiento verbal como no verbal, incluyendo expresiones faciales, lenguaje corporal, tono de voz y elección de palabras. La observación directa puede realizarse en diversos entornos, como reuniones, entrevistas o situaciones cotidianas.

> ➢ *Análisis de registros y documentos:* Esta metodología implica el análisis de registros y documentos que contienen

118

información relevante sobre el comportamiento de las personas. Puede incluir la revisión de informes, comunicaciones escritas, registros financieros, publicaciones en redes sociales u otros documentos que puedan proporcionar pistas sobre las motivaciones, acciones o relaciones de una persona.

➢ *Estudio de patrones de comportamiento:* El análisis de patrones de comportamiento se centra en identificar y analizar regularidades en el comportamiento de una persona a lo largo del tiempo. Esto implica examinar la frecuencia, duración, secuencia y contexto de ciertos comportamientos para detectar tendencias significativas y establecer relaciones causales o correlacionales.

➢ *Técnicas de entrevista y evaluación psicológica:* Estas técnicas involucran la realización de entrevistas y evaluaciones psicológicas estructuradas para recopilar información sobre el comportamiento, la personalidad y las motivaciones de una persona. Se utilizan preguntas específicas, escalas de evaluación y pruebas psicológicas para obtener una comprensión más profunda del individuo y su comportamiento.

➢ *Análisis de vínculos y conexiones:* Esta metodología se centra en el análisis de las relaciones y conexiones entre personas, organizaciones o entidades relevantes para el análisis. Se utilizan técnicas de análisis de redes para identificar patrones de relaciones, influencias y estructuras ocultas que pueden ayudar a comprender el comportamiento y las motivaciones de las personas.

➤ *Uso de tecnología y análisis de datos:* El análisis del comportamiento también puede hacer uso de tecnología y análisis de datos para recopilar y analizar grandes volúmenes de información. Esto puede incluir el uso de herramientas de minería de datos, inteligencia artificial o análisis predictivo para identificar patrones o tendencias significativas en los datos.

Estas metodologías pueden aplicarse de manera individual o combinada, dependiendo del objetivo y del contexto del análisis. Es importante que los analistas estén capacitados en el uso de estas metodologías y que sigan principios éticos al recopilar y analizar información sobre el comportamiento de las personas.

Creación de perfiles psicológicos

La creación de perfiles psicológicos es una metodología utilizada en el análisis del comportamiento para construir un perfil detallado de una persona o grupo de interés. Estos perfiles psicológicos se basan en la recopilación y análisis de información relevante sobre las características psicológicas y comportamentales de los individuos. La creación de perfiles psicológicos tiene como objetivo comprender y predecir el comportamiento de las personas a través de la identificación de patrones, motivaciones y vulnerabilidades.

El proceso de creación de perfiles psicológicos implica varias etapas:

Recopilación de información: Se recopila información relevante sobre el individuo o grupo de interés. Esto puede incluir datos biográficos, antecedentes familiares, historial educativo y laboral, relaciones personales, actividad en redes sociales, registros criminales y cualquier otra información disponible que pueda proporcionar insights sobre su comportamiento.

Análisis de patrones y tendencias: Se buscan patrones y tendencias consistentes en el comportamiento y las acciones del individuo. Esto implica examinar su historial de comportamiento, acciones pasadas y elecciones significativas para identificar regularidades y establecer conexiones causales o correlacionales.

Evaluación de motivaciones y necesidades: Se evalúan las motivaciones y necesidades subyacentes que impulsan el comportamiento del individuo. Esto puede implicar identificar sus deseos, aspiraciones, temores y necesidades emocionales o psicológicas que influyen en su toma de decisiones y acciones.

Análisis de personalidad y características psicológicas: Se analizan las características de personalidad del individuo, como su nivel de extroversión, estabilidad emocional, apertura a nuevas experiencias, conciencia y amabilidad. También se pueden examinar rasgos psicológicos relevantes, como la impulsividad, la dominancia, la empatía o la propensión a la agresión.

Evaluación de factores contextuales: Se consideran los factores contextuales que pueden influir en el comportamiento del individuo, como el entorno social, cultural o situacional en el que se encuentra. Esto ayuda a comprender cómo el entorno puede afectar sus decisiones y acciones.

A través de la creación de perfiles psicológicos, los analistas pueden obtener una visión más completa de una persona o grupo objetivo. Estos perfiles pueden ayudar a evaluar el riesgo, predecir el comportamiento futuro y desarrollar estrategias adaptadas para interactuar con ellos.

Es importante destacar que la creación de perfiles psicológicos debe realizarse con cuidado y responsabilidad. Debe basarse en información precisa, relevante y éticamente obtenida.

Análisis del comportamiento y perfiles psicológicos en la detección de amenazas y riesgos

El análisis del comportamiento y los perfiles psicológicos desempeñan un papel fundamental en la detección de amenazas y riesgos en diversos contextos, incluyendo el ámbito de la inteligencia y el espionaje. Estas herramientas proporcionan una comprensión más profunda de las motivaciones, intenciones y patrones de comportamiento de las personas, lo que permite evaluar y anticipar posibles amenazas y riesgos.

Algunas formas en las que el análisis del comportamiento y los perfiles psicológicos se aplican en la detección de amenazas y riesgos son las siguientes:

Identificación de indicadores de comportamiento de alto riesgo: El análisis del comportamiento y los perfiles psicológicos ayudan a identificar indicadores de comportamiento que son consistentes con actitudes o acciones de alto riesgo. Estos indicadores pueden incluir cambios drásticos en el comportamiento, muestras de agresión o violencia, manifestaciones de ideologías extremistas o señales de radicalización.

Uso de perfiles psicológicos para la detección de amenazas: Los perfiles psicológicos pueden ser utilizados para identificar características comunes en personas que representan una amenaza potencial. Estos perfiles se basan en la evaluación de la personalidad, los antecedentes y los patrones de comportamiento de individuos previamente identificados como una preocupación de seguridad. Esto permite a los analistas enfocar sus esfuerzos en aquellos individuos que son más propensos a representar una amenaza.

Integración del análisis del comportamiento y los perfiles psicológicos en la evaluación de riesgos: El análisis del comportamiento y los perfiles psicológicos complementan otros métodos de evaluación de riesgos al proporcionar información sobre las motivaciones y comportamientos de las personas involucradas. Esto permite una evaluación más completa de los riesgos potenciales y ayuda a determinar las medidas de seguridad y mitigación adecuadas.

Detección de actividades encubiertas: El análisis del comportamiento y los perfiles psicológicos pueden ayudar a detectar actividades encubiertas o planes ocultos mediante la identificación de patrones o cambios en el comportamiento que pueden indicar la preparación de un acto delictivo o la participación en actividades sospechosas.

Evaluación de vulnerabilidades: El análisis del comportamiento y los perfiles psicológicos también pueden ayudar a identificar las vulnerabilidades de las personas, organizaciones o sistemas que podrían ser explotadas por actores malintencionados. Esto permite implementar medidas preventivas para protegerse contra posibles amenazas.

Al utilizar el análisis del comportamiento y los perfiles psicológicos en la detección de amenazas y riesgos, se puede obtener una comprensión más profunda de los individuos y su potencial impacto en la seguridad y los intereses. Sin embargo, es importante tener en cuenta que estas herramientas deben utilizarse junto con otros métodos y enfoques para una evaluación de riesgos más completa y precisa.

Aplicaciones prácticas y casos de estudio

El análisis del comportamiento y los perfiles psicológicos tienen numerosas aplicaciones prácticas en diversos campos, incluyendo el ámbito de la inteligencia, la seguridad, la aplicación de la ley y la gestión de riesgos. A continuación, se presentan algunas aplicaciones prácticas y casos de estudio destacados:

Detección de amenazas terroristas: El análisis del comportamiento y los perfiles psicológicos se utilizan para identificar posibles amenazas terroristas y prevenir ataques. Se analizan los patrones de comportamiento, las creencias extremistas y las señales de radicalización para identificar a individuos o grupos que representan un riesgo potencial.

Evaluación de riesgos en entornos de seguridad: El análisis del comportamiento y los perfiles psicológicos se aplican para evaluar el riesgo en entornos de seguridad, como aeropuertos, instalaciones gubernamentales y eventos masivos. Se analizan los comportamientos sospechosos, las reacciones emocionales y las señales de estrés para identificar posibles amenazas y tomar medidas preventivas.

Investigación de crímenes: El análisis del comportamiento y los perfiles psicológicos se utilizan en la investigación de crímenes para ayudar a identificar a los posibles perpetradores. Se analizan los patrones de comportamiento, las motivaciones y las características psicológicas de los sospechosos para desarrollar perfiles que guíen la investigación.

Selección de personal y evaluación de seguridad: El análisis del comportamiento y los perfiles psicológicos se aplican en la selección de personal en organizaciones de seguridad y en la evaluación de riesgos en la contratación de individuos clave. Se evalúan las características psicológicas, los antecedentes y el comportamiento de los candidatos para determinar su idoneidad y confiabilidad.

Perfiles criminales: El análisis del comportamiento y los perfiles psicológicos se utilizan para desarrollar perfiles criminales en la resolución de casos delictivos. Se analizan los patrones de comportamiento, las motivaciones y las características psicológicas de los delincuentes para ayudar a las fuerzas del orden a identificar y capturar a los responsables.

Evaluación de riesgos en organizaciones: El análisis del comportamiento y los perfiles psicológicos se aplican en la evaluación de riesgos en organizaciones, tanto en el ámbito empresarial como en el gubernamental. Se analizan los comportamientos y actitudes de los empleados para identificar posibles riesgos internos, como el robo de información, la mala conducta financiera o la filtración de datos sensibles.

Estos son solo algunos ejemplos de las diversas aplicaciones del análisis del comportamiento y los perfiles psicológicos. En cada caso, la aplicación práctica depende del contexto específico y los objetivos de seguridad o inteligencia involucrados.

Capítulo 6

Infiltración y Creación de Identidades Falsas

La infiltración y la creación de identidades falsas, cuando se aplican en el marco de la psicología oscura, implican el uso de técnicas de manipulación y engaño para obtener acceso a información confidencial o influir en situaciones de manera encubierta. Estas estrategias se utilizan en operaciones encubiertas y de inteligencia que requieren un enfoque psicológico más profundo para lograr sus objetivos.

En el contexto de la psicología oscura, la infiltración y la creación de identidades falsas pueden involucrar técnicas como:

Manipulación emocional

Es una poderosa herramienta utilizada en la infiltración y creación de identidades falsas en el contexto de la psicología oscura. Consiste en el uso estratégico de tácticas emocionales para influir en las emociones y el estado mental de las personas en el entorno objetivo, con el fin de ganar su confianza, obtener información valiosa o lograr que actúen de cierta manera.

Las técnicas de manipulación emocional pueden incluir las mecionadas en capítulos anteriores, haciendo incapié, en el uso de elogios y aprobación para generar un sentimiento de valor y aceptación en la persona objetivo. Además, se puede utilizar la empatía y la compasión para establecer un vínculo emocional con el individuo y crear una sensación de apoyo y entendimiento.

La creación de identidades falsas mediante la manipulación emocional implica la construcción cuidadosa de un perfil psicológico que se ajuste a las necesidades y expectativas de las personas en el entorno objetivo. Se busca identificar las motivaciones emocionales de las personas y utilizarlas como palanca para ganar su confianza y cooperación.

La infiltración basada en la manipulación emocional puede involucrar el despliegue de una personalidad encantadora y carismática que atraiga a las personas y las haga sentir cómodas y seguras en presencia del infiltrado. También puede implicar el uso de técnicas de persuasión emocional, como la explotación de miedos o inseguridades, para influir en las decisiones y acciones de las personas en el entorno.

Uso de técnicas de persuasión

El uso de técnicas de persuasión desempeña un papel fundamental en la infiltración y creación de identidades falsas en el contexto de la psicología oscura. Estas técnicas están diseñadas para influir en las creencias, actitudes y comportamientos de las personas en el entorno objetivo, con el fin de obtener información valiosa, ganar su cooperación o manipular sus acciones.

Dentro de las técnicas de persuasión utilizadas en la infiltración, se encuentran algunas que ya se han mencionado anteriormente, como la reciprocidad y la autoridad. Estas técnicas aprovechan la tendencia humana a responder de manera positiva cuando se nos ofrece algo a cambio (reciprocidad) o cuando percibimos a alguien como una figura de autoridad legítima.

Además, se pueden utilizar otras técnicas de persuasión en el proceso de infiltración, como:

Consistencia y compromiso: Se busca obtener el compromiso inicial de la persona objetivo en pequeñas acciones o acuerdos, y luego se construye sobre esa base para obtener compromisos más grandes. Esto se basa en la tendencia humana a ser coherentes con nuestras acciones y compromisos previos.

Escasez selectiva: Se crea la ilusión de escasez o exclusividad al presentar la información o beneficios de manera limitada. Esto despierta el deseo de obtener algo que parece valioso pero que está disponible en cantidades limitadas, lo que puede influir en las personas a tomar decisiones en línea con los objetivos del infiltrado.

Framing y manipulación de la percepción: Se utiliza la forma en que se presenta la información (framing) para influir en la percepción de las personas y direccionar su pensamiento hacia una determinada interpretación o conclusión. Esto puede implicar enfatizar ciertos aspectos y minimizar otros para crear una visión favorable a los intereses del infiltrado.

Uso de la persuasión emocional: Se apela a las emociones de las personas en el entorno objetivo para influir en sus decisiones y acciones. Esto puede implicar el uso de historias emotivas, testimonios impactantes o la creación de situaciones que generen una respuesta emocional específica.

Estas técnicas de persuasión son utilizadas de manera estratégica y sutil para influir en las personas y alcanzar los objetivos de la infiltración.

Creación de identidades atractivas

La creación de identidades atractivas es una técnica utilizada en la infiltración y la creación de identidades falsas en el contexto de la psicología oscura. Consiste en desarrollar identidades ficticias que sean atractivas y persuasivas para las personas en el entorno objetivo, con el fin de ganar su confianza, obtener información valiosa o influir en su comportamiento.

Cuando se crea una identidad atractiva, se busca generar una imagen y una historia de vida que sean creíbles y atractivas para las personas en el entorno objetivo. Esto implica considerar factores como la edad, el género, la apariencia física, el nivel de educación, la profesión y los intereses que sean apropiados y coherentes con el entorno en el que se infiltrará.

Para lograr una identidad atractiva, se pueden utilizar diversas estrategias, como:

Construcción de una historia de vida coherente: es una estrategia fundamental al crear identidades falsas en el contexto de la infiltración. Consiste en desarrollar una narrativa detallada y coherente que respalde la identidad ficticia que se está creando. Esta historia de vida proporciona antecedentes y experiencias que respaldan la credibilidad de la identidad y ayudan a establecer conexiones con las personas en el entorno objetivo.

Al construir una historia de vida coherente, es importante considerar los siguientes aspectos:

➢ *Antecedentes personales:* Incluye detalles sobre el lugar de nacimiento, la educación, la familia y cualquier otro aspecto relevante de la vida temprana de la identidad creada. Estos antecedentes proporcionan un contexto sólido y ayudan a establecer la credibilidad de la identidad.

➢ *Trayectoria profesional:* Desarrolla una historia laboral coherente y creíble para la identidad. Incluye detalles sobre empleos anteriores, posiciones ocupadas, logros destacados y cualquier otra información relevante para el entorno objetivo. Asegúrate de que la trayectoria profesional sea acorde con la identidad creada y respalde los objetivos de la infiltración.

➢ *Experiencias de vida significativas:* Identifica experiencias clave en la vida de la identidad que puedan ser relevantes en el entorno objetivo. Esto puede incluir viajes, participación en proyectos específicos, experiencia en situaciones difíciles o cualquier otro evento que pueda ayudar a generar conexiones con las personas del entorno objetivo.

➢ *Intereses y aficiones:* Determina los intereses y las aficiones que sean coherentes con la identidad creada y relevantes para el entorno objetivo. Esto ayudará a establecer puntos de conexión y facilitará la interacción con las personas en el entorno.

La historia de vida coherente debe ser sólida y consistente en todos los aspectos. Cualquier incoherencia o contradicción puede levantar sospechas y poner en riesgo la credibilidad de la identidad. Además, es fundamental estar preparado para respaldar la historia de vida con detalles y conocimientos específicos, en caso de que surjan preguntas o se requiera profundizar en ciertos aspectos.

La construcción de una historia de vida coherente requiere de investigación, atención al detalle y una comprensión profunda del entorno objetivo. Es una herramienta poderosa para generar confianza y establecer conexiones significativas con las personas en el entorno, facilitando así la infiltración y el logro de los objetivos establecidos.

Desarrollo de habilidades y conocimientos específicos: Es una estrategia clave al crear identidades falsas en el contexto de la infiltración. Consiste en adquirir y desarrollar habilidades y conocimientos relevantes para respaldar la identidad creada y establecer una credibilidad sólida en el entorno objetivo. Estas habilidades y conocimientos pueden ser técnicos, profesionales o relacionados con áreas específicas que sean relevantes para el contexto de la infiltración.

Al desarrollar habilidades y conocimientos específicos, es importante considerar lo siguiente:

➢ *Investigación exhaustiva:* Realiza una investigación detallada sobre el entorno objetivo y las habilidades y conocimientos valorados en ese contexto. Esto te permitirá identificar las áreas en las que necesitas desarrollar habilidades y conocimientos específicos para respaldar la identidad creada.

➢ *Formación y educación:* Busca oportunidades de formación y educación que te permitan adquirir las habilidades y conocimientos necesarios. Esto puede incluir cursos, talleres, certificaciones u otros programas de aprendizaje que sean relevantes para el entorno objetivo.

➢ *Práctica y experiencia:* Pasa tiempo practicando y adquiriendo experiencia en las áreas específicas que sean relevantes para la identidad creada. Esto puede implicar la realización de proyectos prácticos, la participación en situaciones reales o la colaboración con expertos en el campo.

➢ *Mentores y expertos:* Busca la orientación y el apoyo de mentores y expertos en las áreas en las que deseas desarrollar habilidades y conocimientos. Ellos pueden brindarte consejos, compartir su experiencia y ayudarte a mejorar tus habilidades de manera más efectiva.

El desarrollo de habilidades y conocimientos específicos debe ser auténtico y realista. Evita exagerar tus habilidades o conocimientos, ya que esto podría poner en riesgo la credibilidad de la identidad. Enfócate en adquirir las habilidades necesarias para respaldar de manera creíble la identidad creada y cumplir con los objetivos de la infiltración.

El desarrollo de habilidades y conocimientos específicos muestra un compromiso genuino con la identidad creada y puede generar confianza en las personas del entorno objetivo. Además, te proporciona las herramientas necesarias para desempeñarte efectivamente en tu papel infiltrado y alcanzar los resultados deseados en tu misión.

Creación de una red social ficticia: La creación de una red social ficticia es una estrategia utilizada en la infiltración para respaldar la identidad creada y establecer conexiones creíbles con las personas en el entorno objetivo. Consiste en desarrollar perfiles y relaciones ficticias en plataformas de redes sociales u otros canales de comunicación, para crear una apariencia de presencia social y respaldo social para la identidad falsa.

Al crear una red social ficticia, es importante considerar los siguientes aspectos:

➤ *Creación de perfiles:* Crea perfiles en plataformas de redes sociales utilizando la identidad ficticia. Completa los perfiles con información relevante, como antecedentes, experiencia laboral, intereses y conexiones supuestas con otras personas. Asegúrate de que la información sea coherente con la historia de vida y la identidad creada.

➤ *Interacciones y publicaciones:* Realiza publicaciones y participa en interacciones ficticias en las plataformas de redes sociales. Esto puede incluir compartir actualizaciones, comentar publicaciones de otras personas, participar en grupos o comunidades y establecer conexiones virtuales con personas en el entorno objetivo.

➤ *Generación de contenido relevante:* Crea contenido relevante para respaldar la identidad creada. Esto puede incluir la publicación de artículos o publicaciones relacionadas con el campo de interés de la identidad, compartiendo fotos o videos relacionados con supuestas experiencias y actividades, o compartiendo noticias y eventos relevantes para el entorno objetivo.

➤ *Conexiones estratégicas:* Establece conexiones con personas en el entorno objetivo que sean relevantes para tus objetivos de infiltración. Esto puede incluir enviar solicitudes de amistad o conexiones, interactuar con sus publicaciones o participar en grupos o comunidades en los que estén presentes. Las conexiones estratégicas pueden ayudar a respaldar la credibilidad de la identidad y facilitar el acceso a la información o la influencia sobre las personas objetivo.

La creación de una red social ficticia puede ayudar a respaldar la credibilidad de la identidad creada y establecer conexiones aparentemente reales con las personas en el entorno objetivo.

Uso de elementos visuales y materiales: El uso de elementos visuales y materiales es una estrategia efectiva al crear identidades falsas en el contexto de la infiltración. Consiste en utilizar elementos físicos y visuales para respaldar la credibilidad de la identidad creada y generar una apariencia auténtica y convincente en el entorno objetivo.

Al utilizar elementos visuales y materiales, se pueden considerar las siguientes acciones:

➢ *Fotografías:* Utiliza fotografías que respalden la identidad creada. Esto implica seleccionar imágenes que sean coherentes con la apariencia física, la edad y el estilo de vida de la identidad ficticia. Las fotografías pueden incluir retratos personales, imágenes de actividades relevantes o momentos supuestos en la vida de la identidad.

➢ *Documentos falsificados:* En algunos casos, se pueden crear documentos falsificados para respaldar la identidad creada. Estos documentos pueden incluir identificaciones, tarjetas de presentación, certificados académicos, títulos profesionales u otros documentos relevantes que sean necesarios para establecer la credibilidad de la identidad.

➢ *Artefactos y objetos:* Utiliza artefactos y objetos que respalden la identidad creada. Estos pueden ser objetos personales ficticios, como diarios, agendas, cartas o cualquier otro elemento que sea coherente con la historia de vida de la identidad y que ayude a generar una apariencia auténtica.

➢ *Vestimenta y apariencia personal:* Considera la vestimenta y la apariencia personal de la identidad creada. Utiliza prendas de vestir, accesorios y peinados que sean coherentes con el estilo y las preferencias de la identidad. Presta atención a los detalles, como el tipo de calzado, las joyas o cualquier otro elemento que pueda ayudar a construir una imagen convincente.

Es importante destacar que el uso de elementos visuales y materiales debe llevarse a cabo dentro de los límites legales y éticos establecidos. No se deben utilizar documentos falsificados para actividades ilegales y se deben respetar los derechos y la privacidad de las personas involucradas.

La incorporación de elementos visuales y materiales contribuye a reforzar la credibilidad de la identidad creada y a establecer una apariencia auténtica en el entorno objetivo. Sin embargo, es fundamental recordar que la identidad debe ser respaldada por acciones coherentes y comportamientos creíbles para mantener la confianza y alcanzar los objetivos de infiltración de manera ética y efectiva.

Investigación exhaustiva: Realiza una investigación detallada sobre el entorno objetivo, incluyendo su cultura, valores, normas sociales y comportamientos típicos. Esto te permitirá adaptar la identidad creada de manera más precisa y aumentar su credibilidad.

La investigación exhaustiva es una estrategia fundamental al crear identidades falsas en el contexto de la infiltración. Consiste en llevar a cabo una investigación minuciosa y detallada sobre diversos aspectos relacionados con la identidad que se está creando, así como sobre el entorno objetivo en el que se llevará a cabo la infiltración.

Al realizar una investigación exhaustiva, se pueden considerar los siguientes aspectos:

➢ *Antecedentes personales:* Investiga los antecedentes personales relevantes para respaldar la identidad creada. Esto incluye detalles como la fecha y el lugar de nacimiento, la educación, la familia, la historia laboral previa y cualquier otro aspecto que sea importante para establecer la credibilidad de la identidad.

➢ *Entorno objetivo:* Realiza una investigación profunda sobre el entorno objetivo en el que se llevará a cabo la infiltración. Esto implica comprender la cultura, los valores, las normas sociales, las instituciones y las personas clave en ese entorno. Cuanta más información tengas sobre el entorno, mejor podrás adaptar la identidad y tomar decisiones estratégicas durante la infiltración.

➢ *Áreas de especialización:* Investiga las áreas de especialización que son relevantes para la identidad creada y para el contexto de la infiltración. Esto implica adquirir conocimientos específicos en campos de interés relacionados con la identidad y las necesidades de la misión. La investigación te permitirá estar actualizado y ser capaz de participar en conversaciones relevantes con las personas en el entorno objetivo.

➢ *Conexiones y contactos:* Investiga las personas clave en el entorno objetivo y busca posibles conexiones y contactos que puedan respaldar la identidad creada. Esto puede incluir identificar personas influyentes, expertos en áreas específicas o individuos que pueden ser útiles para alcanzar los objetivos de la infiltración.

La investigación exhaustiva te proporciona una base sólida de conocimiento sobre la identidad que estás creando y sobre el entorno en el que te infiltrarás. Esto te permitirá tomar decisiones informadas, adaptar tu identidad de manera efectiva y establecer conexiones creíbles con las personas en el entorno objetivo, lo que aumentará las posibilidades de éxito en tu misión de infiltración.

Desarrollo de habilidades sociales: Adquiere habilidades sociales que sean relevantes para el entorno objetivo. Esto puede incluir aprender sobre los intereses comunes, adquirir conocimientos en áreas específicas o practicar habilidades de comunicación y persuasión que sean efectivas en ese entorno particular.

El desarrollo de habilidades sociales en el contexto de la infiltración y la psicología oscura implica adquirir habilidades específicas que te permitan manipular y persuadir a las personas de manera efectiva, nuchas de las cuales ya hemos abordado en capítulos anteriores. Aunque estas habilidades se utilizan con fines estratégicos, es importante tener en cuenta que deben ser utilizadas de manera responsable. Estas son algunas áreas clave a considerar:

➢ *Influencia y persuasión:* Desarrolla habilidades para influir en las decisiones y acciones de las personas. Aprende técnicas de persuasión, como el uso de la reciprocidad, la autoridad, el compromiso y la coherencia, para influir en las creencias y comportamientos de los demás de acuerdo con tus objetivos de infiltración.

➤ *Lectura y manipulación del lenguaje corporal:* Mejora tus habilidades para leer y utilizar el lenguaje corporal de manera estratégica. Aprende a detectar signos de incomodidad, interés o mentiras en las expresiones faciales, los gestos y la postura de las personas, y utilízalos para adaptar tu enfoque y manipular sus percepciones.

➤ *Creación de rapport:* Desarrolla habilidades para establecer una conexión emocional y generar confianza con las personas objetivo. Aprende a imitar sutilmente su lenguaje, tono de voz y postura para establecer una sensación de familiaridad y afinidad, lo que facilitará la manipulación y la obtención de información.

➤ *Manejo de emociones:* Adquiere habilidades para gestionar tus propias emociones y las emociones de los demás. Aprende a utilizar las emociones de manera estratégica, como generar miedo, incertidumbre o empatía, para manipular las respuestas emocionales de las personas y obtener la información deseada.

➤ *Creación de identidades atractivas:* Desarrolla habilidades para crear y presentar identidades atractivas que generen confianza y apego emocional. Aprende a resaltar características deseables y a ocultar aspectos negativos de la identidad creada, utilizando técnicas como el uso de historias de vida coherentes, elementos visuales y testimonios falsos.

➢ *Adaptabilidad y camuflaje:* Desarrolla la capacidad de adaptarte a diferentes entornos y personas, y de camuflarte para pasar desapercibido. Aprende a ajustar tu comportamiento, lenguaje y apariencia según las expectativas del entorno, lo que te permitirá infiltrarte de manera más efectiva y evitar levantar sospechas.

➢ *Uso de técnicas de hipnosis:* Aprende técnicas de hipnosis y sugestión para influir en las mentes de las personas y obtener información valiosa.

➢ *Creación de historias convincentes:* Desarrolla habilidades narrativas para crear historias convincentes que respalden la identidad creada y generen confianza en las personas objetivo.

➢ *Uso de la persuasión subliminal:* Adquiere conocimientos sobre la persuasión subliminal y cómo utilizar estímulos imperceptibles para influir en las decisiones y comportamientos de las personas.

➢ *Manipulación de la percepción del tiempo:* Aprende a manipular la percepción del tiempo de las personas para influir en sus decisiones y obtener información más rápidamente.

➢ *Utilización de técnicas de desinformación:* Adquiere habilidades en el campo de la desinformación y aprende a utilizar técnicas para manipular y engañar a las personas con el fin de obtener información valiosa.

➢ *Uso de la gamificación:* Aprende a aplicar principios de gamificación para motivar y manipular a las personas en el cumplimiento de tus objetivos, utilizando recompensas, desafíos y competencias.

Generación de reputación positiva: La generación de reputación positiva es una estrategia importante en el contexto de la infiltración y la psicología oscura. Consiste en crear y mantener una imagen favorable y creíble ante las personas en el entorno objetivo, con el fin de ganar su confianza y obtener información valiosa. Estas son algunas técnicas para generar reputación positiva:

➢ *Credibilidad y competencia:* Demuestra tu conocimiento y habilidades en áreas relevantes para la identidad creada. Comparte información útil, brinda consejos o resuelve problemas de manera efectiva, lo que te ayudará a ganar respeto y credibilidad entre las personas con las que interactúas.

➢ *Apoyo y ayuda:* Ofrece apoyo y ayuda a las personas en el entorno objetivo. Escucha sus necesidades, brinda asistencia cuando sea posible y muestra comprensión y empatía hacia sus preocupaciones. Al hacerlo, generarás un sentimiento de gratitud y apego emocional.

➢ *Testimonios y referencias:* Utiliza testimonios y referencias falsas para respaldar tu identidad. Pueden ser testimonios de personas ficticias que afirmen tus habilidades, experiencia o confiabilidad. Estos testimonios pueden ser compartidos de manera sutil durante las interacciones para fortalecer tu reputación positiva.

➢ *Red de contactos:* Construye una red de contactos ficticios que respalden tu identidad y te den credibilidad. Pueden ser personas supuestas que conoces o has trabajado en el pasado, y cuyas referencias puedes utilizar para reforzar tu reputación.

➢ *Logros y reconocimientos:* Menciona logros ficticios o reconocimientos que respalden tu identidad. Pueden ser premios, certificaciones o reconocimientos imaginarios que generen una percepción de éxito y confiabilidad.

➢ *Presencia en línea:* Crea perfiles en plataformas de redes sociales y otros canales en línea que respalden tu identidad. Comparte contenido relevante, interactúa con otras personas y muestra una imagen positiva y coherente en línea.

El objetivo de generar una reputación positiva es establecer una base creíble y confiable en el entorno objetivo. Sin embargo, debes asegurarte de mantener la coherencia y la autenticidad en tu desempeño para evitar levantar sospechas y mantener la confianza de las personas con las que interactúas

Manejo de la presión y el estrés: El manejo de la presión y el estrés es una habilidad fundamental en el contexto de la infiltración y la psicología oscura. Dado que estas situaciones pueden ser intensas y desafiantes, es importante poder controlar tus propias emociones y mantener la calma para tomar decisiones estratégicas y actuar de manera efectiva. Estas son algunas técnicas para manejar la presión y el estrés:

➢ *Autoconocimiento:* Conócete a ti mismo y reconoce tus reacciones y límites frente a situaciones estresantes. Identifica tus desencadenantes y desarrolla estrategias para manejarlos de manera saludable.

➢ *Respiración y relajación:* Practica técnicas de respiración profunda y relajación para reducir el estrés en el momento. La respiración profunda y consciente puede ayudarte a calmarte y recuperar la claridad mental.

➢ *Planificación y organización:* Organiza tu trabajo y planifica tus acciones de manera eficiente. Tener una estructura clara te ayudará a mantener el enfoque y evitar la sensación de estar abrumado.

➢ *Apoyo social:* Busca el apoyo de personas de confianza con quienes puedas compartir tus preocupaciones y experiencias. El contar con un sistema de apoyo puede aliviar la presión y proporcionar perspectivas externas.

➢ *Estrategias de afrontamiento:* Aprende técnicas de afrontamiento eficaces, como el pensamiento positivo, el reenfoque de pensamientos negativos y la visualización de resultados exitosos. Estas estrategias pueden ayudarte a mantener una mentalidad positiva y afrontar situaciones desafiantes.

➢ *Cuidado personal:* No descuides tu bienestar físico y emocional. Asegúrate de descansar lo suficiente, tener una alimentación saludable, hacer ejercicio regularmente y participar en actividades que te brinden placer y alivien el estrés.

Recuerda que cada persona tiene sus propias técnicas de manejo del estrés, por lo que es importante encontrar las estrategias que funcionen mejor para ti. Practica estas técnicas regularmente y ajústalas según sea necesario para adaptarte a las demandas del entorno de infiltración y mantener un equilibrio saludable.

Uso de la manipulación relacional

Se manipulan las relaciones existentes en el entorno objetivo para obtener ventajas estratégicas. Esto puede implicar la explotación de rivalidades, conflictos o la generación de alianzas basadas en la manipulación emocional y la creación de vínculos de dependencia.

El uso de la manipulación relacional es una técnica poderosa en el contexto de la infiltración y la psicología oscura. Consiste en establecer y mantener relaciones cercanas y personales con las personas objetivo con el fin de influir en sus pensamientos, emociones y comportamientos en beneficio propio. Esta técnica se basa en la construcción de vínculos emocionales y el aprovechamiento de la confianza y la conexión interpersonal.

Aquí hay algunas estrategias clave para utilizar la manipulación relacional:

➤ *Desarrollo de empatía:* Muestra empatía hacia las personas objetivo, es decir, comprender y compartir sus emociones y perspectivas. Esto te permitirá establecer una conexión emocional más profunda y generar confianza.

➢ *Creación de dependencia emocional:* Fomenta una relación en la que las personas objetivo dependan de ti emocionalmente. Brinda apoyo, consuelo y aliento cuando lo necesiten, creando un sentido de necesidad y lealtad hacia ti.

➢ *Generación de reciprocidad selectiva:* Utiliza la técnica de reciprocidad de manera selectiva, brindando favores o apoyo en momentos clave para crear un sentimiento de obligación en las personas objetivo. Esto puede ser útil para obtener información o asegurar su cooperación.

➢ *Manipulación de la confianza:* Construye y manipula la confianza de las personas objetivo. Esto implica ser confiable y consistente en tus acciones, pero también puede implicar pequeñas manipulaciones para aprovechar la confianza depositada en ti en beneficio propio.

➢ *Control de la comunicación:* Maneja y dirige la comunicación con las personas objetivo. Esto puede incluir limitar la información que compartes, seleccionar cuidadosamente las palabras y los mensajes que transmites, y utilizar tácticas de persuasión verbal y no verbal para influir en sus percepciones y decisiones.

➢ *Generación de lealtad:* Fomenta un sentido de lealtad hacia ti y hacia los objetivos que representas. Esto se logra a través de la creación de un sentido de pertenencia, la promoción de valores compartidos y la recompensa de la lealtad demostrada.

La manipulación excesiva o dañina puede tener consecuencias negativas tanto para las personas objetivo como para ti mismo. Utiliza esta técnica con precaución.

Uso de información privilegiada

El uso de información privilegiada es una estrategia que implica aprovechar el acceso a información confidencial o privilegiada para obtener ventajas en situaciones de inteligencia y espionaje. Esta técnica se basa en el acceso a información no pública o restringida, que puede ser utilizada para obtener información valiosa, influir en decisiones estratégicas o desestabilizar a otros actores.

El uso de información privilegiada puede involucrar diferentes aspectos, como:

Acceso a fuentes confidenciales: Obtener acceso a fuentes confiables de información, como fuentes internas o informantes, que poseen información valiosa y no disponible para el público en general.

Monitoreo y obtención de datos confidenciales: Vigilar y recopilar información de fuentes privadas o protegidas, como comunicaciones encriptadas, sistemas de seguridad, bases de datos restringidas, entre otros.

Análisis de información clasificada: Utilizar habilidades y herramientas especializadas para analizar y descifrar información clasificada o protegida, con el fin de obtener conocimientos estratégicos o detalles relevantes.

Uso de información privilegiada como moneda de cambio: Utilizar la información privilegiada como un recurso valioso para obtener favores, influir en decisiones o establecer acuerdos con otras partes involucradas.

El uso de información privilegiada puede tener implicaciones legales. En muchos casos, acceder, divulgar o utilizar información confidencial sin la autorización adecuada puede ser ilegal y puede conllevar consecuencias legales graves.

Manipulación de la percepción de la realidad

La manipulación de la percepción de la realidad es una técnica utilizada en el ámbito de la psicología oscura y el espionaje para influir en cómo las personas perciben y entienden la realidad que les rodea. Consiste en manipular información, contextos o experiencias para moldear las percepciones y creencias de los demás de acuerdo con los objetivos buscados. Esta técnica se basa en el principio de que la percepción individual de la realidad es maleable y puede ser influenciada.

Algunas estrategias comunes utilizadas en la manipulación de la percepción de la realidad son:

Desinformación: Difundir información falsa o engañosa con el objetivo de crear una versión distorsionada de la realidad. Esto puede incluir la propagación de rumores, la creación de teorías conspirativas o la divulgación selectiva de información que respalde una narrativa específica.

Manipulación de la información: Seleccionar y presentar la información de manera sesgada para influir en la interpretación y percepción de los hechos. Esto puede incluir omitir información relevante, exagerar o minimizar ciertos aspectos, o utilizar tácticas de manipulación del lenguaje para influir en cómo se perciben los eventos.

Creación de eventos falsos: Organizar o simular eventos que no son reales con el fin de influir en las percepciones y creencias de las personas. Esto puede incluir la creación de situaciones ficticias para generar miedo, incertidumbre o apoyo a una determinada agenda.

Manipulación emocional: Utilizar técnicas de manipulación emocional, como la generación de miedo, la explotación de la compasión o el uso de tácticas de chantaje emocional, para influir en las percepciones y acciones de las personas.

La manipulación de la percepción de la realidad es una práctica controvertida y puede tener consecuencias negativas. Su uso indebido puede socavar la confianza, generar conflictos y distorsionar la verdad objetiva.

Uso de coerción y chantaje

El uso de coerción y chantaje es una estrategia de manipulación y control utilizada en la psicología oscura y el espionaje. Consiste en ejercer presión sobre una persona utilizando amenazas, manipulación emocional o la revelación de información comprometedora con el fin de obtener su conformidad, cooperación o información específica.

La coerción implica utilizar la fuerza o el poder para obligar a alguien a actuar en contra de su voluntad. Puede implicar amenazas físicas, intimidación, extorsión o abuso de autoridad. El chantaje, por otro lado, se basa en la revelación de información comprometedora o vergonzosa sobre alguien con el objetivo de obtener ventajas o influir en su comportamiento. Algunas estrategias comunes utilizadas en el uso de coerción y chantaje son:

Amenazas físicas o violencia: Utilizar la intimidación o la violencia real o percibida para forzar a alguien a cumplir con ciertas demandas.

Amenazas emocionales o psicológicas: Manipular las emociones de una persona mediante amenazas de daño emocional, difamación o aislamiento social.

Chantaje emocional: Utilizar la manipulación de los sentimientos de culpa, amor, lealtad o compasión de una persona para obtener su conformidad.

Revelación de información comprometedora: Amenazar con divulgar información personal o secreta que pueda dañar la reputación, la carrera o las relaciones de una persona.

El uso de coerción y chantaje es inaceptable éticamente y, en muchos casos, ilegal. Va en contra de los principios fundamentales de la libertad, la autonomía y el respeto hacia los demás. Además, el uso de estas técnicas puede tener consecuencias negativas a largo plazo, erosionando la confianza y generando resentimiento y conflicto.

Uso de técnicas de hipnosis y sugestión

El uso de técnicas de hipnosis y sugestión es una estrategia utilizada en la psicología oscura y el espionaje para influir en el pensamiento, la percepción y el comportamiento de las personas. La hipnosis es un estado de trance inducido en el cual una persona se vuelve más receptiva a las sugestiones y puede experimentar cambios en su percepción y comportamiento.

Algunas técnicas comunes utilizadas en el uso de la hipnosis y la sugestión incluyen:

Inducción de trance: Se utilizan diferentes métodos para inducir un estado de trance, como la relajación profunda, la focalización de la atención y la repetición de instrucciones sugestivas.

Establecimiento de anclajes: Se crean asociaciones mentales entre un estímulo específico (como una palabra, un gesto o un objeto) y una respuesta emocional o conductual deseada. Posteriormente, al activar el anclaje, se puede influir en la respuesta de la persona.

Sugestión directa: Se utilizan instrucciones claras y directas para influir en los pensamientos, las emociones o el comportamiento de la persona. Esto puede incluir sugerencias para sentir ciertas emociones, adoptar ciertas creencias o realizar acciones específicas.

Uso de lenguaje persuasivo: Se emplea un lenguaje persuasivo y sugestivo para influir en la mente subconsciente de la persona. Esto puede incluir el uso de afirmaciones positivas, metáforas o historias que refuerzan la sugestión deseada.

El uso de la hipnosis y la sugestión debe ser realizado por profesionales capacitados y éticos en un entorno controlado y seguro. Además, es necesario obtener el consentimiento informado de la persona involucrada y respetar los límites éticos y legales.

Creación de situaciones de dependencia

La creación de situaciones de dependencia es una estrategia utilizada en la psicología oscura y el espionaje para ejercer control sobre una persona al hacerla dependiente de otra. Esta técnica implica crear una dinámica en la que la persona objetivo se sienta incapaz de funcionar o tomar decisiones sin el apoyo, la guía o la aprobación de alguien más.

Algunas estrategias comunes utilizadas en la creación de situaciones de dependencia son:

Proporcionar apoyo emocional: Brindar consuelo, comprensión y apoyo emocional a la persona objetivo, haciéndola creer que solo tú puedes satisfacer sus necesidades emocionales.

Control de recursos: Limitar el acceso a recursos clave, como dinero, información o conexiones, de modo que la persona objetivo se vea obligada a depender de ti para obtener lo que necesita.

Fomentar la incompetencia aprendida: Minar la confianza y la autoestima de la persona objetivo al resaltar sus errores o fracasos, haciéndola creer que solo tú puedes ayudarla a superar sus debilidades y alcanzar el éxito.

Establecer reglas y normas restrictivas: Imponer reglas y normas estrictas que la persona objetivo debe seguir para obtener tu aprobación o evitar castigos. Esto la hace depender de ti para obtener aceptación y evitar consecuencias negativas.

La creación de situaciones de dependencia es una táctica manipuladora y potencialmente dañina. Puede socavar la autonomía y la libertad de la persona objetivo, generando una dinámica desigual y perjudicial.

Manipulación de la información y la comunicación

La manipulación de la información y la comunicación es una estrategia utilizada en la psicología oscura y el espionaje para influir en las percepciones, creencias y acciones de las personas. Consiste en controlar o distorsionar la información que se comparte y la forma en que se comunica, con el objetivo de dirigir el pensamiento y el comportamiento de los demás hacia un determinado resultado.

Algunas técnicas comunes utilizadas en la manipulación de la información y la comunicación incluyen:

Desinformación: Propagar información falsa, engañosa o confusa para confundir o manipular a las personas. Esto puede incluir la difusión de rumores, la creación de teorías conspirativas o la alteración intencional de hechos.

Ocultamiento selectivo de información: Suprimir u omitir información relevante que podría afectar la percepción o el juicio de las personas. Al controlar qué información se comparte y qué se retiene, se puede influir en la forma en que se entiende un determinado tema o situación.

Manipulación del lenguaje: Utilizar palabras o frases cargadas emocionalmente, cambiar el significado de términos o utilizar términos ambiguos para influir en la interpretación y la respuesta emocional de las personas.

Control de la narrativa: Dominar la forma en que se cuenta una historia o se presenta un acontecimiento para influir en la percepción de las personas. Esto puede incluir resaltar ciertos aspectos, minimizar otros y utilizar técnicas retóricas para dirigir la opinión pública.

Sesgo en la selección de fuentes: Utilizar selectivamente fuentes de información que respalden una narrativa particular, mientras se ignoran o se desacreditan las fuentes que presentan una perspectiva diferente.

Es fundamental tener en cuenta que el uso de la psicología oscura en la infiltración y la creación de identidades falsas plantea preocupaciones éticas y legales significativas.

Capítulo 7

Desinformación y Propaganda

En este capitulo exploraremos las tácticas y estrategias utilizadas en el ámbito de la psicología oscura para difundir desinformación, manipular la percepción pública y lograr objetivos políticos, sociales o militares. En un mundo cada vez más conectado y dependiente de la información, es crucial comprender cómo la desinformación y la propaganda pueden influir en nuestras creencias, actitudes y comportamientos.

Analizaremos los mecanismos detrás de la desinformación y la propaganda, así como las técnicas utilizadas para difundirlas de manera efectiva. Exploraremos casos históricos y contemporáneos en los que la desinformación y la propaganda han sido utilizadas para influir en la opinión pública y manipular la realidad percibida. Además, examinaremos cómo podemos protegernos y contrarrestar los efectos de la desinformación en nuestras vidas y sociedades.

Desinformación y propaganda

La desinformación y la propaganda son herramientas utilizadas para influir en la percepción, las actitudes y las creencias de las personas. La desinformación se refiere a la difusión deliberada de información falsa o engañosa con el objetivo de engañar o confundir, mientras que la propaganda implica la difusión de información sesgada o manipulada con fines persuasivos o políticos.

La desinformación y la propaganda se han utilizado a lo largo de la historia en diversos contextos, como la política, los conflictos armados, las campañas electorales y la publicidad. Estas técnicas se basan en la explotación de sesgos cognitivos y emocionales, así como en la manipulación de la información y la narrativa para lograr objetivos específicos.

En la era digital, la desinformación y la propaganda han adquirido una mayor relevancia y alcance debido a la facilidad con la que se pueden difundir a través de las redes sociales y otras plataformas en línea. La viralización de contenido falso, la creación de perfiles falsos y la manipulación algorítmica han contribuido a la propagación masiva de la desinformación y la amplificación de narrativas engañosas.

La desinformación y la propaganda plantean desafíos significativos para la sociedad, como la polarización, la erosión de la confianza pública y la dificultad para distinguir la verdad de la ficción. Además, pueden socavar la toma de decisiones informadas y el funcionamiento adecuado de las democracias.

Es importante desarrollar habilidades críticas de pensamiento, como la verificación de fuentes, el análisis de contenido y la alfabetización mediática, para contrarrestar los efectos de la desinformación y la propaganda. Promover la transparencia, la educación y el acceso a información confiable y verificada son fundamentales para enfrentar estos desafíos y salvaguardar la integridad de la información y la toma de decisiones informadas.

Técnicas de desinformación

Las técnicas de desinformación son estrategias utilizadas para difundir información falsa o engañosa con el objetivo de manipular la percepción y las creencias de las personas. Estas técnicas se basan en la explotación de sesgos cognitivos, emocionales y sociales para lograr una respuesta deseada. Estas son algunas de las técnicas más comunes utilizadas en la desinformación:

Creación de narrativas falsas: Consiste en construir historias ficticias que parecen verosímiles, utilizando detalles convincentes y hechos inventados. Estas narrativas falsas pueden incluir teorías de conspiración, noticias fabricadas o testimonios falsos para generar confusión y engañar a la audiencia.

Manipulación de imágenes y videos: Implica la edición o manipulación de imágenes y videos para alterar su contexto o contenido original. Esto puede incluir la eliminación o adición de elementos, la distorsión de imágenes o la creación de deepfakes, que son videos falsos que parecen reales.

Uso de fuentes no confiables: Consiste en citar fuentes de información no confiables o poco verificadas para respaldar afirmaciones falsas. Estas fuentes pueden ser sitios web o cuentas de redes sociales sin credibilidad, diseñados para difundir información engañosa o desacreditar fuentes legítimas.

Estrategias de manipulación emocional: Implica apelar a las emociones de las personas para influir en su respuesta y aceptación de la información. Se utilizan tácticas como la explotación del miedo, la ira o la esperanza para crear una respuesta emocional que pueda nublar el juicio crítico y facilitar la aceptación de la desinformación.

Técnicas de amplificación en redes sociales: Consiste en la difusión masiva de información falsa a través de redes sociales y plataformas en línea. Se utilizan bots o cuentas falsas para amplificar la desinformación, generando un efecto de viralización y alcanzando a un público más amplio.

Sesgos de confirmación y filtro de burbujas: Se aprovechan los sesgos cognitivos que llevan a las personas a buscar y aceptar información que confirme sus creencias preexistentes. Las plataformas en línea también pueden contribuir a este fenómeno al filtrar el contenido mostrado, creando burbujas de información que refuerzan perspectivas y evitan el acceso a diferentes puntos de vista.

Estas técnicas de desinformación pueden ser utilizadas de manera combinada o adaptadas según el contexto y el objetivo deseado.

Propaganda

La propaganda se refiere a la difusión de información y mensajes persuasivos con el objetivo de influir en las actitudes, creencias y comportamientos de las personas. La propaganda se utiliza en diversos ámbitos, como la política, la publicidad, los conflictos armados y los movimientos ideológicos.

El propósito principal de la propaganda es manipular la opinión pública y moldear la percepción de las personas hacia un determinado punto de vista o agenda. A través de la propaganda, se busca transmitir mensajes persuasivos de manera selectiva y estratégica para promover intereses específicos.

Las técnicas utilizadas en la propaganda varían, pero algunas de las más comunes incluyen:

Simplificación y estereotipos: La propaganda tiende a simplificar complejas realidades, utilizando estereotipos y generalizaciones para generar una respuesta emocional en el receptor. Se busca establecer una imagen clara y fácilmente comprensible que se ajuste a los intereses del propagandista.

Apelación a las emociones: La propaganda se basa en la manipulación de las emociones de las personas. Se utilizan imágenes, narrativas y música para generar una respuesta emocional, ya sea positiva o negativa, que influya en las actitudes y comportamientos de la audiencia.

Creación de enemigos y demonización: La propaganda a menudo identifica un enemigo o un grupo objetivo para establecer una narrativa de confrontación y motivar a la audiencia a apoyar una determinada causa. Se busca demonizar al enemigo y presentarlo como una amenaza para justificar acciones o políticas específicas.

Repetición y consistencia: La propaganda se basa en la repetición constante de mensajes y narrativas para influir en la memoria y la percepción de las personas. La consistencia en la presentación de la información refuerza la credibilidad y facilita la aceptación de los mensajes propagandísticos.

Control de la información: La propaganda se caracteriza por el control de la información y la manipulación de los medios de comunicación. Se busca difundir mensajes propagandísticos y limitar el acceso a información que pueda contradecir o cuestionar la narrativa propagada.

Las técnicas utilizadas en la propaganda para desarrollar un pensamiento crítico y tomar decisiones informadas. Al analizar y cuestionar los mensajes propagandísticos, se puede evitar ser influenciado por ellos y buscar fuentes de información confiables y diversas.

Influencia en la opinión pública

La influencia en la opinión pública se refiere a los esfuerzos deliberados para moldear, modificar o manipular las actitudes, creencias y percepciones de las personas en relación con un tema específico. La capacidad de influir en la opinión pública es una herramienta poderosa utilizada en diversos campos, como la política, los medios de comunicación, la publicidad y el activismo.

La opinión pública es la suma de las creencias, actitudes y percepciones de un grupo de personas en relación con un tema en particular. La influencia en la opinión pública busca cambiar, reforzar o redirigir estas opiniones para lograr un determinado objetivo. Algunas de las estrategias utilizadas para influir en la opinión pública incluyen:

Mensajes persuasivos: Se utilizan mensajes cuidadosamente elaborados y estratégicamente diseñados para generar una respuesta emocional o intelectual en la audiencia. Estos mensajes pueden apelar a valores, miedos, aspiraciones o preocupaciones compartidas para influir en las actitudes y creencias de las personas.

Manipulación de la información: La selección y presentación selectiva de información puede influir en la opinión pública. La forma en que se presenta una historia, los datos que se destacan y los hechos que se omiten pueden alterar la percepción de un tema y llevar a la audiencia a una conclusión específica.

Uso de figuras de autoridad: La opinión pública puede ser influenciada mediante la participación de figuras de autoridad o personas influyentes que respalden o promuevan un punto de vista particular. La credibilidad y la reputación de estas figuras pueden llevar a la aceptación y adopción de sus opiniones por parte del público.

Creación de consenso falso: La percepción de que una opinión es compartida por la mayoría puede influir en la opinión pública. Se utilizan técnicas como la repetición de mensajes, la manipulación de encuestas o la creación de grupos de apoyo ficticios para generar un falso consenso y aumentar la aceptación de una opinión o idea.

Medios de comunicación y redes sociales: Los medios de comunicación tradicionales y las plataformas de redes sociales desempeñan un papel crucial en la formación de la opinión pública. La influencia en la opinión pública a través de estos canales implica la difusión de mensajes, la creación de narrativas y la generación de debate y discusión pública.

Manipulación de emociones

La manipulación de emociones es una técnica utilizada para influir en las emociones de las personas con el fin de obtener una respuesta deseada. Se basa en el reconocimiento de que las emociones juegan un papel importante en nuestras decisiones y comportamientos, y busca aprovechar esta conexión emocional para influir en nuestras acciones.

Hay varias formas en las que se puede manipular emocionalmente a las personas de las cuales ya abordamos ampliamente en capítulos pasados:

Explotación del miedo: La manipulación del miedo busca generar un sentimiento de temor o inseguridad en las personas con el fin de controlar sus acciones. Se utilizan mensajes alarmantes, imágenes impactantes o narrativas que enfatizan posibles peligros o amenazas para crear ansiedad y una sensación de urgencia en el público.

Generación de simpatía o compasión: Al resaltar situaciones trágicas o desafiantes, se busca generar una respuesta emocional de simpatía o compasión en las personas. Se utilizan historias personales, imágenes conmovedoras o testimonios emotivos para suscitar empatía y solidaridad, con el objetivo de influir en las decisiones y acciones de los individuos.

Estimulación del deseo y la gratificación: La manipulación de emociones positivas se enfoca en despertar el deseo y la gratificación en las personas. Se utilizan técnicas de marketing, publicidad o propaganda para asociar ciertos productos, servicios o ideas con emociones positivas como la felicidad, el éxito o la aceptación social, con el objetivo de influir en las preferencias y elecciones de las personas.

Evocación de la indignación o la ira: La manipulación de emociones también puede buscar generar sentimientos de indignación o ira en las personas. Se utilizan mensajes provocativos, injusticias percibidas o situaciones que despiertan la ira colectiva para movilizar a las personas hacia una causa o una acción específica.

Es importante ser consciente de la manipulación emocional y desarrollar un pensamiento crítico para resistir su influencia. Al entender cómo se utilizan estas técnicas y cómo nuestras emociones pueden ser manipuladas, podemos tomar decisiones informadas y racionales, separando los aspectos emocionales de los racionales en nuestras evaluaciones y elecciones.

Desafíos de la era de la información

La era de la información ha traído consigo numerosos avances tecnológicos y la capacidad de acceder a una gran cantidad de información de manera rápida y fácil. Sin embargo, también ha presentado desafíos significativos que afectan nuestra forma de procesar y comprender la información. Algunos de estos desafíos incluyen:

Sobrecarga de información: En la era digital, estamos expuestos a una enorme cantidad de información proveniente de múltiples fuentes. La sobrecarga de información puede dificultar la identificación de fuentes confiables y relevantes, y puede resultar abrumadora al tratar de discernir qué información es precisa y valiosa.

Difusión de desinformación y noticias falsas: La facilidad con la que se puede compartir información en línea ha dado lugar a la propagación de desinformación y noticias falsas. Estas pueden ser diseñadas intencionalmente para engañar o pueden surgir debido a la falta de verificación y rigurosidad en la difusión de información.

Sesgos de confirmación y burbujas de filtro: Las plataformas en línea y las redes sociales tienden a mostrar contenido basado en nuestros intereses previos y preferencias. Esto puede crear burbujas de filtro en las que solo vemos información que refuerza nuestras creencias existentes, lo que dificulta la exposición a diferentes perspectivas y la formación de opiniones equilibradas.

Manipulación de algoritmos: Los algoritmos utilizados por plataformas en línea y motores de búsqueda pueden influir en el contenido que se nos presenta, priorizando ciertos tipos de información y ocultando otros. Esto puede sesgar nuestras percepciones y limitar nuestra exposición a una variedad de fuentes y opiniones.

Pérdida de privacidad: En la era digital, nuestras actividades en línea y nuestras interacciones generan una gran cantidad de datos personales que son recopilados y utilizados por diversas entidades. Esto plantea preocupaciones sobre la privacidad y la posibilidad de que nuestros datos sean utilizados para manipularnos o influir en nuestras decisiones.

Desafío de la alfabetización mediática: En un entorno con tanta información disponible, es fundamental desarrollar habilidades de alfabetización mediática para evaluar críticamente la información, verificar fuentes, comprender sesgos y discernir entre información confiable y engañosa.

Para enfrentar estos desafíos, es importante fomentar la educación en alfabetización mediática y promover el pensamiento crítico. Esto implica aprender a evaluar la calidad y veracidad de la información, buscar diferentes perspectivas, desarrollar habilidades de investigación y adoptar una actitud de escepticismo informado.

Influencia en las elecciones y la política

La influencia en las elecciones y la política se refiere a los esfuerzos para moldear las actitudes, creencias y comportamientos de los votantes con el fin de obtener resultados favorables en los procesos electorales y en la toma de decisiones políticas. Existen varias formas en las que se puede ejercer esta influencia:

Campañas electorales: Durante las campañas electorales, los candidatos y sus equipos utilizan diversas estrategias para influir en los votantes. Esto incluye la difusión de mensajes persuasivos a través de anuncios publicitarios, discursos, debates, eventos públicos y presencia en los medios de comunicación. Se busca construir una imagen positiva del candidato, resaltar sus logros y propuestas, y movilizar el apoyo de los votantes.

Manipulación de la información: La manipulación de la información desempeña un papel significativo en la influencia política. Esto implica la difusión selectiva de datos, la presentación sesgada de noticias o la difusión de noticias falsas y desinformación con el objetivo de favorecer a ciertos candidatos o posiciones políticas. La manipulación de la información puede afectar la percepción de los votantes y sus decisiones en las urnas.

Uso de técnicas de persuasión: Las técnicas de persuasión se utilizan para influir en las actitudes y creencias de los votantes. Esto incluye estrategias como la apelación a las emociones, la creación de narrativas convincentes, el uso de figuras de autoridad y testimonios, así como la generación de consenso falso para influir en la opinión pública.

Manejo de la imagen y la reputación: La forma en que los políticos se presentan y manejan su imagen puede influir en la percepción de los votantes. Esto incluye aspectos como la apariencia personal, el lenguaje corporal, el discurso y la capacidad de conexión emocional con el electorado. Los políticos suelen trabajar en la construcción de una imagen positiva y el manejo de su reputación para ganarse la confianza y el apoyo de los votantes.

Movilización y estrategias de campaña: La influencia en las elecciones también implica la movilización de votantes y la implementación de estrategias de campaña efectivas. Esto incluye la identificación y segmentación de grupos

166

demográficos clave, el uso de técnicas de microsegmentación y microtargeting para llegar a audiencias específicas, así como el desarrollo de mensajes adaptados a diferentes segmentos de votantes.

Desinformación en el ámbito de la salud

La desinformación en el ámbito de la salud se refiere a la difusión de información falsa, engañosa o no respaldada por evidencia científica, con respecto a temas relacionados con la salud y el bienestar. La desinformación en este campo puede tener consecuencias perjudiciales para la salud pública, ya que puede influir en las decisiones de las personas en relación con su salud, tratamiento médico, prevención de enfermedades y estilos de vida saludables.

Algunos ejemplos de desinformación en el ámbito de la salud incluyen:

Mitos sobre vacunas: La desinformación sobre las vacunas ha llevado a la propagación de teorías conspirativas y creencias infundadas sobre los riesgos de las vacunas. Esto ha contribuido a la disminución de las tasas de vacunación y al resurgimiento de enfermedades prevenibles.

Remedios y tratamientos falsos: Se difunden información sobre supuestos remedios y tratamientos milagrosos que carecen de respaldo científico. Estos remedios falsos pueden prometer curas para enfermedades graves o mejoras rápidas de la salud, lo que lleva a las personas a adoptar prácticas ineficaces o incluso peligrosas.

Teorías de conspiración en la medicina: Se difunden teorías de conspiración sobre la industria farmacéutica, los médicos y las instituciones de salud. Estas teorías pueden sembrar desconfianza y generar dudas sobre la eficacia y la seguridad de los tratamientos médicos convencionales.

Información errónea sobre dietas y nutrición: La desinformación sobre dietas y nutrición puede llevar a la adopción de patrones alimentarios inadecuados o incluso peligrosos. Se promueven dietas restrictivas, consejos nutricionales sin fundamento científico y afirmaciones exageradas sobre los efectos de ciertos alimentos en la salud.

La desinformación en el ámbito de la salud puede difundirse a través de varios canales, como las redes sociales, los sitios web no confiables, los medios de comunicación sensacionalistas y las redes de contactos personales.

Hay diversas personas y entidades que pueden tener intereses en desinformar con diferentes fines. Algunos de ellos incluyen:

Charlatanes y estafadores: Existen individuos que se aprovechan de la desesperación de las personas en busca de soluciones para problemas de salud y promueven remedios o tratamientos falsos con el fin de obtener beneficios económicos.

Grupos antivacunas: Hay grupos y movimientos que se oponen a la vacunación, promoviendo teorías conspirativas y desinformación sobre los supuestos efectos negativos de las vacunas. Algunos de ellos pueden tener creencias infundadas o una agenda anti-vacunas basada en conceptos erróneos.

Industria de suplementos y productos "naturales": Algunas empresas que comercializan suplementos y productos "naturales" pueden promover afirmaciones infundadas sobre los beneficios para la salud de sus productos con el fin de aumentar las ventas. Esto puede llevar a la promoción de información engañosa o exagerada sobre sus productos.

Medios de comunicación sensacionalistas: Algunos medios de comunicación pueden exagerar o distorsionar información relacionada con la salud con el fin de generar titulares llamativos y atraer audiencia. Esto puede llevar a la difusión de información inexacta o sesgada que puede confundir a las personas y generar miedo o preocupación innecesaria.

Grupos de intereses políticos o ideológicos: En algunos casos, los grupos políticos o ideológicos pueden difundir desinformación en el ámbito de la salud para promover sus agendas o causas. Esto puede incluir la promoción de información errónea sobre temas como el aborto, la planificación familiar, la salud sexual y reproductiva, entre otros.

Hay que tener en cuenta que la desinformación en el ámbito de la salud puede tener consecuencias graves para la salud pública. Por eso, es esencial buscar información en fuentes confiables y basadas en evidencia científica, consultar a profesionales de la salud calificados y promover la alfabetización en salud para poder discernir entre información precisa y desinformación.

Manipulación en conflictos y guerras

La manipulación en conflictos y guerras es una estrategia utilizada por actores involucrados en dichos contextos para influir en la opinión pública, debilitar a sus oponentes y alcanzar sus objetivos. Esta manipulación puede tomar diversas formas y se basa en aprovechar las emociones, creencias y narrativas para moldear la percepción de los eventos y ganar el apoyo de la población.

Algunas formas comunes de manipulación en conflictos y guerras incluyen:

Propaganda: Los actores involucrados en un conflicto pueden utilizar la propaganda para difundir información sesgada o falsa con el fin de promover su propia agenda y demonizar a sus oponentes. Esto puede involucrar la manipulación de noticias, la creación de narrativas emocionales, la difusión de rumores y la distorsión de la verdad para influir en la percepción pública.

Uso de medios de comunicación controlados: Los grupos o gobiernos que tienen el control de los medios de comunicación pueden utilizarlos para difundir su propia versión de los acontecimientos y silenciar voces disidentes. Esto puede incluir la censura de información, la manipulación de titulares, la emisión de discursos oficiales y la difusión de mensajes que refuercen una narrativa particular.

Desinformación y guerra psicológica: La desinformación y la guerra psicológica se utilizan para sembrar la confusión, el miedo y la desconfianza en la población. Esto puede incluir la difusión de noticias falsas, la creación de teorías conspirativas, la manipulación de imágenes y videos, y la generación de rumores con el objetivo de debilitar a la población y desestabilizar a los oponentes.

Manipulación de emociones y símbolos: Los actores en conflicto pueden utilizar símbolos, imágenes y discursos emocionales para movilizar el apoyo de la población y fomentar el sentimiento de unidad y lealtad hacia su causa. Esto puede incluir el uso de imágenes impactantes, la evocación de emociones como el miedo o la ira, y la explotación de identidades culturales o religiosas para generar solidaridad y justificar acciones violentas.

Creación de enemigos y demonización del otro: Para movilizar a la población y justificar acciones agresivas, los actores en conflicto pueden retratar a sus oponentes como enemigos y demonizarlos. Esto puede implicar la difusión de estereotipos negativos, la exageración de amenazas percibidas y la dehumanización de los adversarios con el fin de ganar apoyo y justificar la violencia.

La manipulación en conflictos y guerras es una estrategia compleja y arraigada en la historia de los conflictos humanos. Es importante estar conscientes de estas tácticas y desarrollar un pensamiento crítico al analizar la información y las narrativas que se presentan en contextos de conflicto.

Capítulo 8

Protección contra la Psicología Oscura

En un mundo donde la manipulación psicológica y la influencia sutil están presentes en diversos ámbitos de nuestra vida, es crucial contar con herramientas y conocimientos que nos permitan protegernos contra la psicología oscura. Este Capítulo se enfoca en explorar estrategias y medidas para contrarrestar los efectos perjudiciales de la manipulación psicológica y fortalecer nuestra capacidad de tomar decisiones informadas y autónomas.

La protección contra la psicología oscura implica el desarrollo de habilidades de pensamiento crítico, la capacidad de reconocer técnicas de manipulación y el establecimiento de límites saludables en nuestras interacciones personales y sociales. Este capítulo examinará diversas estrategias que pueden ayudarnos a protegernos y minimizar los riesgos asociados con la psicología oscura.

Exploraremos la importancia de la educación en la alfabetización mediática y en la evaluación crítica de la información que recibimos. También abordaremos la importancia de desarrollar una comprensión sólida de nuestras propias necesidades, valores y límites, y cómo establecer relaciones saludables basadas en el respeto y la autenticidad.

Además, examinaremos el papel de la autorreflexión y el autoconocimiento en la protección contra la manipulación, y cómo fortalecer nuestra resiliencia emocional para resistir la influencia negativa. También exploraremos la importancia de buscar apoyo social y de rodearnos de personas y entornos que promuevan el bienestar y la autenticidad.

Es fundamental reconocer que la protección contra la psicología oscura es un proceso continuo y requiere de nuestra atención constante. Al fortalecer nuestra capacidad de discernir y resistir la manipulación, podemos tomar decisiones más conscientes y alinear nuestras acciones con nuestros valores y objetivos personales.

Desarrollo de habilidades de pensamiento crítico

El desarrollo de habilidades de pensamiento crítico es fundamental para protegerse contra la psicología oscura y tomar decisiones informadas y racionales. A continuación, se detalla el desarrollo de esta habilidad:

Reconocimiento de técnicas de manipulación: El reconocimiento de técnicas de manipulación implica la capacidad de identificar y comprender las estrategias utilizadas por otros para influir en nuestros pensamientos, emociones y comportamientos de manera no ética o perjudicial. Al desarrollar esta habilidad, podemos volvernos más conscientes de las tácticas utilizadas en la psicología oscura y tomar medidas para protegernos de ellas.

El reconocimiento de técnicas de manipulación implica estar atento a ciertos patrones y señales que indican la presencia de manipulación. Esto puede incluir el análisis de las palabras y acciones de los demás, la evaluación de las intenciones ocultas y la consideración de cómo nuestras emociones están siendo influenciadas. Al comprender estas técnicas, podemos tomar decisiones más informadas y proteger nuestra autonomía.

Algunas técnicas comunes de manipulación que se pueden reconocer incluyen el uso de la persuasión emocional, la explotación de la reciprocidad, la creación de dependencia emocional, el juego de roles, el uso de la autoridad y la creación de escasez artificial. Estas tácticas a menudo buscan generar una respuesta emocional intensa y nublar nuestro juicio racional.

Reconocer estas técnicas implica estar alerta a las señales de advertencia, como sentirnos presionados, experimentar una falta de autonomía o notar un desequilibrio en el intercambio de poder. Al comprender cómo funcionan estas técnicas y cómo afectan nuestras decisiones, podemos fortalecer nuestra capacidad para resistir la manipulación y tomar decisiones basadas en nuestros propios valores y objetivos.

Es importante recordar que el reconocimiento de técnicas de manipulación no es una forma de paranoia, sino un enfoque consciente para proteger nuestra integridad emocional y mantener relaciones saludables y equilibradas. Al aumentar nuestra conciencia de estas tácticas, podemos salvaguardar nuestra autonomía y tomar decisiones más informadas y auténticas.

Identificación de tácticas de persuasión: Se explicarán diferentes técnicas de persuasión utilizadas en la manipulación psicológica, como la manipulación emocional, el uso de la reciprocidad y la creación de escasez. Se proporcionarán ejemplos y se analizará cómo estas técnicas pueden influir en nuestros pensamientos y comportamientos.

Detección de desinformación: Se brindarán herramientas para identificar la desinformación y distinguirla de la información confiable. Se explorarán estrategias para evaluar la credibilidad de las fuentes y verificar los hechos antes de aceptar una afirmación como verdadera.

Alfabetización mediática: La identificación de tácticas de persuasión implica la capacidad de reconocer y comprender las estrategias utilizadas por otros para influir en nuestros pensamientos y comportamientos. Estas tácticas de persuasión pueden ser tanto legítimas como manipuladoras, y es importante poder distinguirlas para tomar decisiones informadas.

Algunas tácticas comunes de persuasión que se pueden identificar incluyen:

➤ *Reciprocidad:* Esta táctica se basa en el principio de que cuando alguien nos hace un favor o nos ofrece algo, nos sentimos obligados a devolver el favor. Puede manifestarse a través de regalos, favores o concesiones, y busca generar un sentido de deuda o gratitud.

➤ *Autoridad:* Se basa en la idea de que somos más propensos a seguir las órdenes o recomendaciones de alguien que consideramos una autoridad en un tema en particular. Las figuras de autoridad, como expertos, líderes o personas con estatus elevado, pueden utilizar su posición para influir en nuestras decisiones.

➢ *Escasez:* Esta táctica se basa en la idea de que los productos, servicios o oportunidades que son escasos o limitados en cantidad son más valiosos. Puede manifestarse a través de mensajes que resaltan la exclusividad o la urgencia de una oferta, lo que nos impulsa a tomar una acción rápida para no perder la oportunidad.

➢ *Consistencia:* Esta táctica se basa en la idea de que las personas tienden a ser coherentes con sus compromisos y declaraciones previas. Puede manifestarse a través de solicitar pequeños compromisos iniciales y luego construir sobre ellos para obtener un compromiso mayor. Busca aprovechar nuestra necesidad de ser coherentes con lo que hemos dicho o hecho anteriormente.

Es importante estar atentos a estas tácticas de persuasión y evaluar críticamente si están siendo utilizadas de manera ética y legítima o con fines manipuladores. El reconocimiento de estas tácticas nos permite tomar decisiones más informadas y tener un mayor control sobre nuestras propias acciones y creencias.

Análisis de mensajes mediáticos: El análisis de mensajes mediáticos es una habilidad crítica que nos permite evaluar la información que recibimos a través de diferentes medios de comunicación, como noticias, redes sociales, publicidad y otros canales. El objetivo principal del análisis de mensajes mediáticos es discernir la veracidad, la objetividad y la intención detrás de la información que se nos presenta.

Al analizar los mensajes mediáticos, es importante considerar los siguientes aspectos:

➢ *Fuente de información:* Es fundamental evaluar la credibilidad y la reputación de la fuente de información. Se debe investigar quién está detrás del mensaje y si tienen una trayectoria confiable y ética. Esto implica considerar si la fuente es conocida por su rigor periodístico, si se basa en investigaciones sólidas o si tiene un sesgo ideológico evidente.

➢ *Verificación de los hechos:* Es esencial verificar la precisión de los hechos presentados en el mensaje. Esto implica buscar fuentes adicionales y contrastar la información para asegurarse de que sea precisa y verificable. Se deben buscar evidencias, estadísticas y datos confiables que respalden las afirmaciones presentadas.

➢ *Análisis del sesgo:* Todos los medios de comunicación tienen un cierto grado de sesgo, ya sea político, económico, cultural o ideológico. Es importante estar consciente de este sesgo y ser críticos al interpretar la información presentada. Se debe evaluar si hay un equilibrio en la cobertura de diferentes perspectivas y si se proporciona un contexto completo de los eventos o temas discutidos.

➢ *Evaluación de la intencionalidad:* Es importante considerar la intención detrás de los mensajes mediáticos. Algunos medios pueden tener intereses comerciales, políticos o ideológicos específicos, lo que puede influir en la forma en que presentan la información. Se debe evaluar si el mensaje tiene la intención de informar objetivamente o si busca manipular, persuadir o influir en la opinión pública.

➢ *Análisis del lenguaje y las imágenes:* El lenguaje utilizado en los mensajes mediáticos puede influir en la forma en que percibimos la información. Es importante prestar atención a las palabras utilizadas, los matices lingüísticos y los enfoques retóricos. Además, se debe analizar cómo se utilizan las imágenes para transmitir un mensaje y si están siendo manipuladas o utilizadas de manera engañosa.

El análisis de mensajes mediáticos requiere de una actitud crítica, escepticismo saludable y una búsqueda constante de la verdad. Al desarrollar esta habilidad, podemos evitar caer en la desinformación, tener una visión más completa de los eventos y tomar decisiones más fundamentadas y conscientes.

Evaluación de fuentes de información: Se proporcionarán pautas para evaluar la confiabilidad y la reputación de las fuentes de información, tanto en línea como fuera de línea. Se discutirá la importancia de diversificar las fuentes y contrastar la información para obtener una imagen más precisa.

Análisis de argumentos y evidencias: El análisis de argumentos y evidencias es una habilidad esencial para evaluar de manera crítica la validez y la solidez de los razonamientos presentados en diferentes contextos, como debates, discusiones y presentaciones. Al desarrollar esta habilidad, podemos discernir entre argumentos sólidos y débiles, y tomar decisiones basadas en una evaluación rigurosa de las pruebas y la lógica.

Al analizar argumentos y evidencias, es importante considerar los siguientes aspectos:

➤ *Identificación de premisas y conclusiones:* Un argumento está compuesto por premisas (declaraciones que se ofrecen como evidencia) y una conclusión (la afirmación que se pretende sostener). Es fundamental identificar claramente estas partes para entender la estructura del argumento.

➤ *Evaluación de la relevancia:* Se debe analizar si las premisas presentadas son relevantes para respaldar la conclusión. Las premisas deben estar directamente relacionadas con la afirmación que se quiere sostener y brindar un apoyo lógico y válido.

➤ *Examen de la validez lógica:* Se debe evaluar si el razonamiento utilizado en el argumento es válido. Esto implica analizar si las premisas realmente respaldan la conclusión de manera coherente y si no se cometen falacias lógicas, como argumentos circulares o generalizaciones indebidas.

➤ *Evaluación de la fiabilidad de las fuentes:* Es importante examinar la calidad y la confiabilidad de las fuentes de las cuales se obtienen las evidencias presentadas en el argumento. Se debe considerar la reputación de las fuentes, la validez de los estudios citados y la presencia de posibles conflictos de intereses.

➢ *Consideración de posibles sesgos:* Se debe estar atento a posibles sesgos que puedan afectar la objetividad del argumento. Estos sesgos pueden incluir sesgos cognitivos, sesgos ideológicos o sesgos motivacionales. Identificar y tener en cuenta estos sesgos nos permite evaluar críticamente el argumento en su contexto.

Al desarrollar habilidades de análisis de argumentos y evidencias, podemos evaluar de manera más efectiva la calidad de los razonamientos presentados, detectar debilidades o inconsistencias, y formar nuestras propias conclusiones basadas en una evaluación objetiva y fundamentada. Esto nos ayuda a tomar decisiones informadas y a participar de manera más activa en debates y discusiones basados en la razón y la evidencia.

Evaluación de argumentos: La evaluación de argumentos es un proceso crítico que nos permite analizar la solidez y la validez de los razonamientos presentados en diferentes contextos. Al realizar una evaluación de argumentos, es importante considerar los siguientes aspectos:

➢ *Relevancia:* Evaluar si las premisas presentadas son relevantes para respaldar la conclusión. Las premisas deben ser directamente aplicables y ofrecer un apoyo lógico y coherente a la afirmación que se pretende sostener.

➢ *Coherencia lógica*: Verificar si el razonamiento utilizado en el argumento es válido y no contiene falacias lógicas. Se deben evitar errores de lógica, como las generalizaciones apresuradas, las falacias ad hominem o los argumentos circulares.

➢ *Calidad de las evidencias:* Examinar la calidad y la confiabilidad de las fuentes utilizadas para respaldar las premisas del argumento. Es importante considerar la validez de los estudios citados, la reputación de las fuentes y la presencia de posibles sesgos o conflictos de intereses.

➢ *Consistencia interna:* Verificar que no haya contradicciones internas dentro del argumento. Las premisas y la conclusión deben ser coherentes y no deben entrar en conflicto entre sí.

➢ *Evaluación crítica de supuestos:* Cuestionar los supuestos subyacentes del argumento. Es importante analizar los fundamentos sobre los cuales se basa el razonamiento y evaluar si son válidos y respaldados por evidencias sólidas.

➢ *Consideración de contraargumentos:* Estar abierto a considerar y evaluar los contraargumentos que puedan debilitar la afirmación presentada. Analizar diferentes perspectivas y puntos de vista ayuda a obtener una imagen más completa y equilibrada del tema.

Al realizar una evaluación crítica de los argumentos, podemos identificar las fortalezas y las debilidades de un

181

razonamiento, tomar decisiones informadas y desarrollar un pensamiento más riguroso y analítico. Esto nos permite participar de manera más efectiva en debates y discusiones, y tomar decisiones basadas en la lógica y la evidencia.

Examen crítico de evidencias: El examen crítico de evidencias implica un análisis riguroso y objetivo de la calidad, la validez y la fiabilidad de las pruebas presentadas para respaldar una afirmación o una conclusión. Al evaluar las evidencias de manera crítica, es importante considerar los siguientes aspectos:

> *Fuente de las evidencias*: Evaluar la credibilidad y la reputación de la fuente de las evidencias. Investigar quién está detrás de la investigación, el estudio o la información presentada, y determinar si son expertos en el campo o si tienen una trayectoria confiable. Considerar si la fuente está respaldada por instituciones reconocidas o si ha sido revisada por pares.

> *Métodos de investigación:* Analizar los métodos utilizados para recopilar y analizar las evidencias. Verificar si se utilizaron métodos científicos sólidos y rigurosos, y si se siguió un proceso de investigación ético. Considerar si se utilizaron muestras representativas, si se controlaron variables relevantes y si se realizaron análisis estadísticos adecuados.

> *Validez de las mediciones:* Evaluar la calidad de las mediciones utilizadas para obtener las evidencias. Considerar si se utilizaron instrumentos de medición válidos y confiables, y si se tomaron en cuenta posibles

sesgos o errores en las mediciones. También es importante evaluar la relevancia de las mediciones para la pregunta o la afirmación en cuestión.

➤ *Consistencia con otras investigaciones:* Verificar si las evidencias presentadas son consistentes con otras investigaciones en el campo. Revisar la literatura científica existente y comparar los hallazgos y conclusiones de estudios previos. Considerar si hay consenso o discrepancias entre los resultados obtenidos en diferentes investigaciones.

➤ *Posibles sesgos y conflictos de intereses:* Estar alerta a posibles sesgos o conflictos de intereses que puedan afectar la objetividad de las evidencias. Investigar si los investigadores o las fuentes tienen algún interés personal, económico o ideológico que pueda influir en los resultados o en la interpretación de las evidencias.

Al examinar críticamente las evidencias, podemos determinar su solidez y su confiabilidad, y tomar decisiones informadas basadas en una evaluación rigurosa de la información disponible. El examen crítico de evidencias nos ayuda a evitar la aceptación ciega de información y nos permite desarrollar un pensamiento analítico y fundamentado en la búsqueda de la verdad y la toma de decisiones basadas en la evidencia.

Reconocimiento de técnicas de manipulación

El reconocimiento de técnicas de manipulación es una habilidad crucial para protegerse de influencias indeseables y tomar decisiones informadas. Implica ser consciente de las tácticas utilizadas por otras personas para influir en nuestros pensamientos, emociones y comportamientos, y poder identificarlas cuando se están utilizando.

Al reconocer técnicas de manipulación, es importante tener en cuenta lo siguiente:

➢ *Conocimiento de tácticas comunes:* Familiarizarse con las tácticas más comunes de manipulación puede ayudar a detectarlas más fácilmente. Algunas tácticas incluyen la persuasión coercitiva, el uso de emociones intensas, el aislamiento social, la desinformación, el chantaje emocional, la culpabilización y el gaslighting.

➢ *Observación de patrones de comportamiento:* Prestar atención a los patrones de comportamiento de las personas que interactúan con nosotros. Las técnicas de manipulación a menudo se basan en la repetición y la consistencia. Si notamos que alguien utiliza consistentemente ciertos enfoques para influir en nosotros, podría ser una señal de manipulación.

➢ *Atención a cambios en la propia percepción y emociones:* Estar consciente de cómo nos sentimos y cómo percibimos una situación puede ayudarnos a identificar posibles intentos de manipulación. Si de repente nos sentimos confundidos, ansiosos, culpables o dudamos de nuestras propias creencias, podría ser una indicación de que alguien está tratando de manipularnos.

➢ *Análisis de la intención subyacente:* Evaluar las posibles motivaciones detrás de las acciones y palabras de alguien. Si notamos que alguien tiene un interés particular en influir en nosotros para obtener algún beneficio propio, es importante cuestionar sus intenciones y considerar si están siendo honestos y genuinos.

➤ *Confianza en la intuición:* No subestimar la importancia de la intuición. A menudo, nuestra intuición nos puede alertar sobre situaciones o personas que podrían estar tratando de manipularnos. Si algo no se siente bien o parece demasiado bueno para ser verdad, es importante escuchar esa voz interior y ser cauteloso.

Al desarrollar la habilidad de reconocer técnicas de manipulación, podemos protegernos de la influencia indebida y tomar decisiones más autónomas y basadas en nuestros propios valores y deseos. Es importante recordar que el reconocimiento de técnicas de manipulación requiere práctica y conciencia constante, pero puede ayudarnos a mantener nuestra autonomía y bienestar emocional.

Autorreflexión y resiliencia emocional

La autorreflexión y la resiliencia emocional son dos habilidades importantes para protegerse contra la psicología oscura y mantener un bienestar emocional en situaciones desafiantes. Ambas habilidades se complementan y se fortalecen mutuamente, permitiéndonos comprendernos mejor a nosotros mismos y manejar de manera saludable nuestras emociones y pensamientos.

La autorreflexión implica mirar hacia adentro y examinar nuestros propios pensamientos, emociones y comportamientos. Nos permite tomar conciencia de nuestras fortalezas, debilidades, valores y metas, y evaluar cómo nuestras experiencias y creencias pueden influir en nuestras reacciones y decisiones. Al ser conscientes de nosotros mismos, podemos identificar si estamos siendo manipulados o influenciados de manera indebida, y tomar medidas para protegernos.

La resiliencia emocional, por otro lado, se refiere a nuestra capacidad para adaptarnos y recuperarnos de situaciones adversas y estresantes. Implica desarrollar habilidades para manejar y regular nuestras emociones, así como para mantener una perspectiva optimista y buscar soluciones constructivas ante los desafíos. La resiliencia emocional nos ayuda a mantenernos firmes frente a intentos de manipulación o influencia negativa, y nos permite mantener una actitud equilibrada y saludable en momentos difíciles.

Al combinar la autorreflexión y la resiliencia emocional, podemos fortalecer nuestra capacidad para protegernos contra la psicología oscura. Algunas prácticas que pueden ayudar incluyen:

➤ *Autoconocimiento*: Tomar tiempo para reflexionar sobre nuestras emociones, pensamientos y reacciones, y examinar cómo pueden ser influenciados por factores externos. Esto nos permite identificar cualquier intento de manipulación y tomar decisiones más alineadas con nuestros propios valores y metas.

➢ *Autocuidado:* Priorizar nuestra salud emocional y bienestar general. Esto implica adoptar prácticas de autocuidado que promuevan una buena salud mental, como establecer límites saludables, buscar apoyo social, mantener un estilo de vida equilibrado y practicar técnicas de relajación y manejo del estrés.

➢ *Desarrollo de habilidades de afrontamiento:* Aprender estrategias y habilidades para manejar el estrés, regular las emociones y afrontar situaciones desafiantes de manera saludable. Esto incluye la práctica de técnicas de respiración, meditación, ejercicio regular y búsqueda de apoyo profesional cuando sea necesario.

➢ *Pensamiento crítico:* Cultivar la habilidad de analizar la información de manera objetiva y cuestionar las afirmaciones o narrativas que nos llegan. Esto nos permite detectar posibles intentos de manipulación y tomar decisiones informadas basadas en la evidencia y la lógica.

➢ *Red de apoyo:* Mantener conexiones saludables y significativas con personas de confianza. Contar con una red de apoyo sólida puede ayudarnos a mantener una perspectiva equilibrada, recibir retroalimentación honesta y apoyo emocional en momentos difíciles.

La autorreflexión y la resiliencia emocional son procesos continuos que requieren práctica y autoconsciencia constante. Al desarrollar estas habilidades, podemos protegernos mejor contra la psicología oscura, fortalecer nuestra salud emocional y mantener una vida equilibrada y significativa.

Epílogo

A lo largo de este libro, hemos explorado las profundidades de la psicología oscura utilizada por espías, operadores de inteligencia y manipuladores expertos. Hemos descubierto cómo estas tácticas de influencia y manipulación pueden ser utilizadas para ejercer control sobre otros, sembrando dudas, explotando debilidades y manipulando emociones. Sin embargo, también hemos aprendido estrategias para protegernos y fortalecernos contra estas técnicas.

El objetivo de este libro no es sumergirnos en la oscuridad, sino arrojar luz sobre estas prácticas insidiosas y proporcionar las herramientas necesarias para reconocer, resistir y contrarrestar su influencia. A través del conocimiento, la conciencia y la capacitación, podemos empoderarnos para tomar decisiones informadas y mantener nuestro bienestar emocional.

El poder de la psicología oscura radica en su capacidad para explotar nuestras vulnerabilidades y manipular nuestras percepciones. Sin embargo, al adquirir un mayor entendimiento de estas técnicas y su impacto, podemos fortalecer nuestra resiliencia emocional, desarrollar habilidades críticas de pensamiento y cultivar relaciones saludables y equilibradas.

Es fundamental recordar que cada uno de nosotros tiene la capacidad de resistir y protegerse contra la psicología oscura. El autodominio, la autorreflexión y la resiliencia son pilares en los que podemos apoyarnos para mantenernos firmes frente a los intentos de manipulación. Al reconocer las tácticas utilizadas, podemos tomar decisiones informadas y basadas en nuestros propios valores y metas.

El camino hacia la protección contra la psicología oscura requiere práctica, paciencia y autodesarrollo continuo. Al aplicar las estrategias y técnicas presentadas en este libro, podemos cultivar una mayor conciencia de nosotros mismos, fortalecer nuestra capacidad para resistir la manipulación y construir una vida basada en la autenticidad, la integridad y el respeto mutuo.

Recuerda, eres el dueño de tu propio poder. Nunca subestimes tu capacidad para resistir y protegerte contra la influencia perjudicial. Al comprender la psicología oscura y cómo se utiliza, podemos reclamar nuestra autonomía y vivir una vida guiada por nuestras propias decisiones y metas.

Que este libro te haya brindado la información y las herramientas necesarias para enfrentar la psicología oscura y protegerte a ti mismo y a los demás. Que te sirva como un faro de sabiduría y empoderamiento en tu viaje hacia una vida libre de manipulación y llena de autenticidad.

Recuerda siempre: eres más fuerte de lo que crees y tienes el poder de forjar tu propio destino.

¡Adelante, con valentía y determinación!

Sobre el autor

Jorge Polo es un reconocido escritor especializado en temas de seguridad pública y estrategias de inteligencia y operaciones psicologicas. Con una amplia experiencia en el campo, ha escrito varios libros aclamados que abordan diversas áreas de la seguridad y la inteligencia.

Sus obras incluyen títulos como "En las sombras: Los secretos del espionaje", donde explora las tácticas y estrategias utilizadas en el espionaje y la recolección de inteligencia. En este libro, Polo comparte su conocimiento y experiencia en el mundo del espionaje, brindando a los lectores una visión profunda de las técnicas utilizadas por los agentes de inteligencia.

Otro de sus libros destacados es "Mas allá de las palabras: El poder del lenguaje no verbal", donde profundiza en el estudio de la comunicación no verbal y cómo se puede utilizar para detectar mentiras, evaluar la confianza y comprender las intenciones de los demás. En esta obra, Polo demuestra su dominio en el análisis del lenguaje corporal y su aplicación en el campo personal y corporativo, además del de la seguridad.

De la misma forma en su labor como escritor, Jorge Polo es un reconocido creador de contenido en el ámbito de la seguridad y la defensa. Ha contribuido en portales especializados, compartiendo su experiencia y conocimientos con profesionales del sector. También ha fungido como consultor en seguridad de la información para importantes corporaciones mexicanas y colombianas, brindando asesoría estratégica para proteger los activos y datos sensibles de estas organizaciones.

Cabe destacar que Jorge Polo cuenta con una destacada trayectoria en agencias estatales de seguridad de Latinoamerica, donde ha desempeñado roles de importancia en el ámbito de la inteligencia y la seguridad nacional. Su experiencia en el campo lo ha llevado a asesorar a otros países en temas de seguridad, brindando su expertise en estrategias de contrainteligencia y análisis de amenazas.

Con su profundo conocimiento y experiencia en seguridad pública, espionaje y seguridad de la información, Jorge Polo se ha convertido en una figura destacada en el campo de la seguridad y la inteligencia. Sus aportes y consultorías han ayudado a mejorar la protección de activos e información sensible, tanto a nivel corporativo como gubernamental.

Agradecimientos

Quiero expresar mi profundo agradecimiento a los valientes operadores de inteligencia de la AFI (Agencia Federal de Inteligencia), SEDENA (Secretaría de la Defensa Nacional) y CNI (Centro Nacional de Inteligencia) que generosamente compartieron sus experiencias y conocimientos en el uso de la psicología oscura. Su dedicación y compromiso en el manejo de situaciones complejas, donde el dominio de estas técnicas les brinda beneficios diarios en el desarrollo de sus funciones, es verdaderamente admirable. Su colaboración ha sido fundamental para enriquecer este libro y brindar una perspectiva auténtica y relevante.

También quiero extender mi agradecimiento a los periodistas y psicólogos que han compartido sus experiencias en el uso de la psicología oscura para desarrollar su trabajo profesional de manera ética. Su valiosa visión y perspicacia nos han permitido comprender cómo estas técnicas pueden ser utilizadas de manera responsable y con un claro enfoque en el bienestar y la integridad de las personas. Su dedicación a la transparencia y la ética en la comunicación es inspiradora y ha sido una fuente de inspiración para la redacción de este libro.

Agradezco también a todas aquellas personas que han contribuido de alguna manera en la realización de este proyecto, brindando su apoyo, conocimientos y perspectivas. Sus aportes han enriquecido significativamente el contenido y han ayudado a presentar una visión completa y equilibrada sobre el tema de la psicología oscura.

Por último, deseo expresar mi gratitud a los lectores de este libro, cuya curiosidad y búsqueda de conocimiento han sido el motor impulsor de esta obra. Espero sinceramente que las páginas que han leído les hayan proporcionado una comprensión más profunda de la psicología oscura y las estrategias utilizadas en diversos contextos. Mi deseo es que este libro sea una herramienta útil y valiosa en su búsqueda de comprender, resistir y protegerse de la manipulación psicológica.

Gracias a todos los que han contribuido de alguna manera a este proyecto, su colaboración y apoyo han sido invaluables. Que este libro sirva como una guía para fomentar la conciencia, el pensamiento crítico y la protección contra las manipulaciones psicológicas.

Con gratitud,

Jorge Polo

Bibliografías

"Influence: The Psychology of Persuasion" de Robert Cialdini, "Dark Psychology 101" de Michael Pace.

"The Art of Seduction" de Robert Greene, "Mind Control 101" de Dantalion Jones.

"Influence: Science and Practice" de Robert Cialdini, "Covert Persuasion" de Kevin Hogan.

"Enhanced Interrogation" de James E. Mitchell, "The Interrogator's Handbook" de Fred Inbau.

"Unmasking the Face" de Paul Ekman, "Criminal Profiling" de Brent E. Turvey.

"The Man Who Never Was" de Ewen Montagu, "Spycraft" de Robert Wallace y H. Keith Melton.

"The Like Switch" de Jack Scha

"Influence: The Psychology of Persuasion" de Robert B. Cialdini

"Dark Psychology and Manipulation: Techniques to Master Mind Control, Persuasion, and Influence People" de Richard Campbell

"The Art of Deception: Controlling the Human Element of Security" de Kevin D. Mitnick

"Spy the Lie: Former CIA Officers Teach You How to Detect Deception" de Philip Houston, Michael Floyd, y Susan Carnicero

"The Like Switch: An Ex-FBI Agent's Guide to Influencing, Attracting, and Winning People Over" de Jack Schafer y Marvin Karlins

"Influence: Science and Practice" de Robert B. Cialdini

"Snakes in Suits: When Psychopaths Go to Work" de Paul Babiak y Robert D. Hare

"Spycraft: The Secret History of the CIA's Spytechs, from Communism to Al-Qaeda" de Robert Wallace, H. Keith Melton y Henry R. Schlesinger

Infografías

Infografías de "Psychology Today" sobre manipulación emocional, persuasión y técnicas de influencia.

Infografías de "Visual Capitalist" sobre manipulación en los medios de comunicación y propaganda.

Infografías de "Pew Research Center" sobre la influencia de la desinformación en la sociedad.

"Statista" (www.statista.de): Un portal de estadísticas y datos que también ofrece infografías sobre una amplia gama de temas.

"Visually" (www.visually.de): Un sitio web que presenta infografías en alemán sobre diversos temas, incluyendo ciencia, tecnología, negocios y más.

Recursos web

Página web de "Psychology Today" (www.psychologytoday.com) - Ofrece una amplia gama de artículos y recursos relacionados con la psicología, la manipulación y la influencia.

Página web de "Influence at Work" (www.influenceatwork.com) - Proporciona información y recursos sobre la psicología de la influencia y la persuasión, basados en el trabajo de Robert B. Cialdini.

Página web de "The Center for the Study of Intelligence" (www.cia.gov/library/center-for-the-study-of-intelligence) - Brinda acceso a documentos desclasificados y recursos relacionados con la inteligencia y el espionaje.

Página web de "The Psychology of Manipulation" (www.psychologyofmanipulation.com) - Contiene artículos y recursos sobre manipulación psicológica y técnicas de control mental.

Página web de "Mind Tools" (www.mindtools.com) - Ofrece herramientas y recursos prácticos para el desarrollo de habilidades de influencia y persuasión.

Página web de "Federal Bureau of Investigation" (www.fbi.gov) - Proporciona información sobre técnicas de interrogatorio y contrainteligencia utilizadas por el FBI.